부동산중개업의

경영전략과
비전

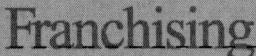

Franchising

부동산중개업의
경영전략과
비전

서 진 형 지음

한국학술정보㈜

책을 펴내며

우리나라의 프랜차이즈산업은 1978년 초 외식산업을 위주로 도입되었다. 이 프랜차이즈 시스템은 미국에서 탄생하여 전세계적으로 확산되고 있는데, 우리나라에서도 외식산업 위주에서 도매업, 소매업, 호텔 등으로 그 비중이 점점 확대되어 가고 있다. 현재의 추세로 볼 때 세계화와 시장개방에 따른 영향으로 이러한 추세는 더욱더 가속화될 것으로 보인다.

프랜차이즈 시스템은 제품의 생산과 유통이라는 측면에서 규모의 이익을 낳게 되고, 여러 가지 측면에서 효과의 상승을 기대할 수 있다. 사회·경제적 측면에서는 유통의 근대화, 유통의 합리화, 경쟁의 활발화 등에 기여할 수 있는 측면도 있다.

한편, 부동산중개업도 이제까지 영세성을 면치 못하고 있는 실정이지만 부동산중개업의 프랜차이즈는 꾸준히 증가하고 있다. 서울, 수도권의 대규모 아파트촌의 경우 경쟁적으로 프랜차이즈 가맹점으로 가입한 부동산중개업소가 늘어나고 있으며, 입제들 간의 경쟁도 과당경쟁체제로 돌입하였다. 프랜차이즈 가맹점은 신규 브랜드의 등장과 기존 브랜드의 꾸준한 증가로 프랜차이즈 중개업이 부동산시장의 새로운 분야로 등장하고 있다. 이는 중개 매뉴얼도 없는 무계획적 영업과 고객창출의 적극적인 마케팅 지원 없이는 더 이상 지역 중개업소로 살아남기 힘들다는 반증이다.

부동산중개업의 프랜차이즈가 경쟁적으로 난립하면서 가맹점을 확보하기 위한 치열한 공방이 예상되고, 프랜차이즈 가맹점이 더욱 늘어날 것으로 보인다.

이와 같이 프랜차이즈 형식의 부동산중개업이 급속도로 신장하고 있으므로 프랜차이즈 중개업에 대한 가맹점의 성과에 대하여 관심을 갖는 것은 당연한 일이며, 프랜차이즈 중개업의 성과를 결정하는 요인이 무엇인지에 대한 과학적이고 체계적인 연구가 필요하다.

이 책은 우리나라에서 최초로 부동산중개업에 관한 분야를 연구한 저자의 박사학위논문을 기초로 단행본의 형식에 맞게 수정해 보완하여 재구성한 것이다. 나름대로 최신 자료를 반영하려고 노력하였으나, 부족한 부분이 많은 것이 현실이다. 미흡하나마 부동산중개업에 관심을 갖고 연구하시는 분들에게 자료로서의 활용가치가 있었으면 하는 소망을 가져본다.

끝으로 저자의 연구물에 관심을 갖고 출판제의를 해주신 채종준 사장님과 강태우 선생님께 감사의 말씀을 전한다.

2008년 6월 어느 날
계양산 아래 연구실에서 서진형 씀

차 례

Ⅰ. 프랜차이즈 중개업의 등장

1. 問題의 背景

최근 不動産仲介業은 큰 변화에 직면하고 있다. 대외적으로 시장 개방에 따라 부동산 서비스업이 개방되고 不動産仲介市場이 전면 개방되는 등 부동산 유통 환경을 둘러싸고 대외 환경이 급변하고 있는 것이다. 또한 국내적으로는 경제발전에 따른 소득의 증가로 중개의뢰인의 행동이 고급화, 다양화, 개성화, 편의화 등의 경향을 나타내고 있다.

不動産仲介市場의 규모를 정확히 추정하는 것은 매우 어려운 일이나 1997년 한 해 동안 거래된 土地는 155만 건이며, 거래가격은 224조 원에 달하는 등 부동산 유통산업 부문이 국민경제에 있어서 중요한 부분을 차지하고 있다.[1]

일반적으로 우리나라의 不動産市場에 있어서 不動産仲介業은 영세성과 후진성을 면치 못해 새로운 경영혁신과 자각이 없이는 그

---

1) 건설교통부, 1999, **부동산중개제도의 개선방안연구,** p.58.

생존이 위협받고 있는 것도 사실이다. 또한 부동산중개업이 전문화, 세분화되어 가고 있으며 경쟁업체 간의 경쟁이 날로 치열해지고 있다.[2]

한편 미국, 일본에서 급속한 발전을 보여 왔던 유통으로서의 프랜차이즈 방식(franchise method)은 2차 대전 이후 유통 시스템에 있어서 중요한 분야로서 급속히 발전되어 왔다.[3] 자동차, 설비, 석유, 청량음료 등과 같은 산업에서 프랜차이징(franchising)은 오랜 역사를 가져왔고 더욱이 최근 들어서는 不動産仲介業, 레크리에이션, 오락, 여행, 패스트푸드(fast-food), 그리고 편의점 등에서 커다란 증가를 보이고 있다.

부동산중개 프랜차이즈업이 국내에 출현한 지 6년여 만에 전성기를 맞이하고 있다.[4] 서울, 수도권의 대규모 아파트촌의 경우 경쟁적으로 프랜차이즈 가맹점으로 가입한 부동산중개업소가 1,300여 개에 이르고 있다. 국내 프랜차이즈 업체는 1997년 하반기부터 1998년 상반기 사이에 10여 개의 업체가 경쟁적으로 늘어나 과당경쟁체제로 돌입했다. 프랜차이즈 가맹점은 신규 브랜드의 급상승과 기존

---

2) 체미옥·권태형, 1996, **부동산 서비스 산업의 개방에 따른 대응전략연구,** 국토개발연구원, p.19.

3) 일본 프랜차이즈협회의 자료에 따르면 일본에는 체인본사가 968개, 점포가 19만 8000개 있으며 매출액은 17조 엔이다(동아일보, 2001.2.15, 제24747호, 9면).

4) 공정거래위원회의 자료에 따르면 국내의 프랜차이즈 시스템에 의한 시장규모는 외식업(65,000개) 24조, 서비스업(31,000개) 12조, 소매업(24,000개) 9조로 총 규모는 45조 원이다(조선일보, 2001.2.15, 제24925호, 15면).

브랜드의 꾸준한 증가로 500여 개가 증가해 39%의 증가율을 나타
내고 있어 프랜차이즈 중개업이 부동산시장의 새로운 분야로 등장
하고 있다.5) 이는 중개 매뉴얼도 없는 무계획적 영업과 고객창출의
적극적인 마케팅 지원 없이는 더 이상 지역 중개업소로 살아남기
힘들다는 반증이다.

　부동산중개 프랜차이즈업이 경쟁적으로 난립하면서 가맹점을 확
보하기 위한 치열한 공방이 예상되고 프랜차이즈 가맹점이 더욱 늘
어날 것으로 보인다.

　이와 같이 프랜차이즈 형식의 不動産仲介業이 급속도로 신장하
고 있으므로 프랜차이즈 중개업에 대한 가맹점의 성과에 대하여 관
심을 갖는 것은 당연한 일이며, 프랜차이즈 중개업의 성과를 결정하
는 요인이 무엇인지에 대한 과학적이고 체계적인 연구가 있어야 할
것이다.

　그러나 프랜차이즈 시스템의 성과에 관한 연구는 대부분의 학자
들이 거시경제적인 관점에서 주로 이루어졌을 뿐 부동산 유통, 즉
不動産仲介業 분야에서는 거의 전무한 실정이다.

　일반 유통산업 관점에서의 프랜차이즈에 관한 선행연구를 보면,
본부가 가맹점의 영업을 지원하는 방법에 관한 연구, 가맹점 자체에
서 개발하여 실시하고 있는 영업방법에 관한 연구, 그리고 본부와
가맹점 간의 관계에 관한 연구, 통합적 전략 특성에 관한 연구 등
주로 네 가지 측면에서 연구되어 왔다.

---

5) 등록관청에 등록된 부동산중개업소 중 프랜차이즈 가맹점으로 영업하는
　업소 수는 2000년 12월 31일 현재 전국적으로 약 3,500여 개이다.

첫째, 가맹점 자체에서 실시하는 영업방법에 관한 연구, 즉 가맹점 전략 특성에 대한 연구는 실증연구로서 Tathman, Douglass 및 Bush(1972), Good(1984), Doutt(1984), Chernoff(1985), Anand(1987), 유영호(1987) 등의 연구가 있고, 이론적 연구에서 Ghosh와 Craig (1991)가 있다.

둘째, 본부가 가맹점의 영업을 지원하는 방법, 즉 본부지원전략 특성은 실증적 연구는 Hunt와 Nevin(1976), Lillis, Narayana, 그리고 Gilman(1976), Doutt(1984), Frazier 및 Summers(1986), Yavas 와 Habib(1987), Kim(1989), Kaufmann과 Rangan(1990), 그리고 Lewis와 Lambert(1991) 등의 연구가 있다. 또한, 가맹점에 대한 영업지원에 관한 이론적 연구로는 Stern과 El－Ansary(1988), Durocher와 Nieman(1990), Piedmont와 Whitehead(1990), Troilo(1991), 그리고 Bartlett(1992) 등의 연구를 들 수 있다.

셋째, 통합적 전략 특성을 실증적으로 연구한 논문이 있는데, Smith(1993)와 신창락(1993) 등의 연구가 대표적인 예이다. 그리고 소비자가 가맹점포를 선택할 때에 영향을 미치는 요인, 즉 소비자 店鋪選擇行動에 관한 연구는 양재필(1991)의 실증적 연구를 들 수 있다. 또한 이론적 연구에서 통합적 전략 특성에 가까운 신행연구로 는 Hoffman과 Prebe(1991) 등을 들 수 있다.

넷째, 본부와 가맹점 간의 관계에 있어서 협력 또는 갈등의 정도 에 따른 관계의 실현방법, 즉 관계 특성에 관한 연구는 실증적 연 구에서 Hunt와 Nevin(1975), Lusch(1976), Guiltinan, Rejab 및 Rodgers(1980), Sibley와 Miche(1982), Kim(1989), Trever(1989),

Lewis와 Lambert(1991), 그리고 신종국(1994), 김종명(1994), 박준 승(1998), 김의근(2000) 등의 연구가 있다.

그 밖에 선행연구에서 프랜차이즈 시스템의 개념과 효과, 특성, 문제점, 전망, 국제화에 관한 진행상황 및 절차, 역사, 추세 등에 관한 연구도 있다.

지금까지 고찰한 선행연구들은 대부분 유통산업 관점에서 프랜차 이즈 가맹점의 성과결정요인을 연구했으며, 결정요인의 일부 요인만을 연구하였기 때문에 프랜차이즈 가맹점의 성과에 대한 결정요인을 파악하는 데 통합적인 모델을 제시하지 못했다. 그리고 이러한 연구들은 일반 유통산업을 대상으로 하고 不動産仲介業을 대상으로 연구한 것은 전무한 실정이다. 또한, 不動産仲介業은 일반 유통산업의 프랜차이즈 시스템을 적용하기에 어려움이 있다. 왜냐하면 一般流通産業과 不動産仲介業은 프랜차이즈 시스템이라는 형식은 같지만 영업기술, 업무의 성격, 영업의 대상 등이 다르기 때문이다.

따라서 이러한 문제점을 극복하기 위하여 본 연구에서는 不動産 仲介業에 있어서 프랜차이즈 가맹점의 성과결정요인을 加盟店特性 (가맹점의 재무능력, 경영자의 경험, 입지), 本部特性(영업지원), 關係特性(협력관계, 계약관계), 競爭特性(가맹점의 상호경쟁, 일반 중개업소와의 경쟁) 등의 4개 부문으로 나누어 不動産仲介業의 성과에 영향을 미치는 요인이 무엇인지 연구하여 새로운 모델을 개발하고자 한다.

2. 論議의 目的

앞서 프랜차이즈 不動産仲介業이 시장개방과 현대사회의 다양화로 인하여 급속히 발전하고 있음을 설명하였다. 그러나 일반 유통시장에서의 프랜차이즈 시스템에 관한 연구가 한 세기나 늦게 나타나고 있으며, 업종별 프랜차이즈 시스템에 관한 연구, 특히 不動産仲介業에 관한 연구는 전무한 실정임을 지적하였다. 따라서 不動産仲介業을 프랜차이즈 방식으로 운영할 경우 경영성과에 미치는 요인들이 무엇인지 규명해 보는 것이 프랜차이즈 중개업의 특성을 더욱 정확히 연구하는 것이 될 것이다. 따라서 본 연구의 목적은 일반 유통산업의 관점에서 활용 가능한 성과의 결정요인을 우선 기존연구를 중심으로 검토하고, 不動産仲介業의 성과에 영향을 미치는 요인들 중에서 중요한 변수를 도출하여, 이를 不動産仲介業 분야에 응용함으로써 특히 우리나라 프랜차이즈 중개업의 경영성과를 향상시키는 데 부분적으로나마 기여하고자 하는 데 있다.

그러므로 프랜차이즈 不動産仲介業의 성과에 영향을 미치는 요인들을 분석하기 위하여 연구의 목적을 구체적으로 제시하면 다음과 같다.

첫째, 不動産仲介業에 관한 이론을 재정립하고 프랜차이즈 시스템의 발전과정과 경영적, 법적, 경제적 성격을 이론적 차원에서 고찰한다.

둘째, 일반 유통산업과 不動産仲介業의 프랜차이즈 시스템에 관한 문헌연구를 통하여 프랜차이즈 중개업의 경영성과에 영향을 미치는 요인을 가맹점 특성, 본부 특성, 경쟁 특성, 관계 특성 등의 네 가지 측면에서 종합적으로 고찰한다.

셋째, 프랜차이즈 중개업의 경영성과에 영향을 미치는 요인과 그 요인의 상대적 중요성을 실증적으로 분석한다.

넷째, 프랜차이즈 중개업의 성과에 문헌연구와 실증분석결과를 이용하여 프랜차이즈 중개업의 효율적인 관리방안을 모색함으로써 우리나라 부동산중개업 및 프랜차이즈 중개업의 발전에 기여한다.

위와 같은 연구목적을 달성하여 不動産仲介業의 발전과 선진화에 기여하고, 궁극적으로 우리나라 不動産仲介業의 프랜차이즈 가맹점이 나아가야 할 방향과 효율적인 경영 및 관리의 개선방안을 제시하고자 한다. 이러한 방향으로의 연구는 학문적인 필요성이 요구될 뿐만 아니라, 부동산중개업자의 입장에서도 실무적으로 가치있는 의미를 지니는 것들이다.

3. 本書의 方向과 構成

1) 本書의 範圍

본 연구에서 분석하고자 하는 연구대상은 부동산중개업자 중에서 2000년 12월 31일 이전에 개업한 프랜차이즈 가맹점으로 한정하였다. 2000년 12월 31일 이전에 개업한 不動産仲介業所로 한정한 이유는 영업기간이 오래된 프랜차이즈 가맹점이 연구의 대상으로 타당하다고 생각되었기 때문이다.

본 연구에서 분석하고자 하는 연구대상의 공간적 범위는 프랜차이즈 중개업소 중 수도권 지역의 가맹점으로 한정하였다.

또한, 본 연구에서 내용적 범위는 不動産仲介業의 이론적 고찰과 프랜차이즈 중개업의 실태 파악, 프랜차이즈 시스템의 고찰, 프랜차이즈 중개업의 成果決定要因에 관하여 검토, 분석하고자 한다.

2) 本書의 研究方法

본 연구는 프랜차이즈 중개업의 成果決定要因을 분석하기 위한 연구로서 먼저 이 분야와 관련된 선행연구 문헌에 대한 이론적 접근을 통하여 아직까지 체계성이 부족한 이론을 종합적으로 검토 · 분석하여 실증연구의 가설을 설정하였다.

실증적 연구는 가설검정 연구와 가설도출 연구로 대별될 수 있다. 본 연구에서는 학문적 체계가 잡혀 있지 않은 새로운 분야에서 실증적 사례연구를 통하여 새로운 사실을 도출하려는 후자의 방법보다는 기존의 많은 연구로 학문적 체계가 잘 갖추어진 기존이론으로부터의 연역과 현실로부터의 귀납적인 방법을 바탕으로 도출된 이론적 가설을 실증적 자료의 통계적 처리로 검정하려는 가설검정방법을 채택하여 프랜차이즈화되어 있는 不動産仲介業의 경영성과를 결정하는 요인이 무엇인지 분석하고자 한다.

다음으로 실증분석을 위하여 프랜차이즈 중개업소의 대표자를 대상으로 한 설문지를 통하여 관련 자료를 수집하고 이를 토대로 프랜차이즈 중개업의 成果決定要因을 분석하였다.

실증적 검정을 위한 자료 수집은 프랜차이즈 본부 및 중개업소의 대표자와 사전에 협의를 거쳐 작성한 설문지 조사방법을 이용하였으며, 연구자 및 사전에 교육을 실시한 조사원이 표본 가맹점을 직접 방문하여 면담을 병행한 橫斷面分析을 실시하였다. 본 연구는 수도권에 위치한 프랜차이즈 중개업소를 대상으로 하여 프랜차이즈 중개업의 성과에 관한 정보를 제공하는 핵심응답자로는 프랜차이즈 중개업소의 대표자들을 선택하였다.

먼저 조사대상을 선정하기 위하여 프랜차이즈 본부를 조사하여 파악하였으며, 프랜차이즈 본부와 본부의 홈페이지를 이용하여 프랜차이즈 가맹점의 현황과 위치, 연락처 등의 자료를 수집하였다. 이러한 과정을 통해 프랜차이즈 가맹점 600개를 단순무작위로 추출하여 설문조사를 실시한 결과 그중 500개가 표집되었으나, 표집된 설문지 중 부적절한 설문지를 제외한 471부를 분석대상으로 하였다.

본 연구의 설문지는 크게 8부분으로 나뉘는데 구체적으로 프랜차이즈 본부 특성에 관한 설문 항목 8개, 프랜차이즈 관계 특성과 계약관계 각 항목 6개, 프랜차이즈 경쟁 특성 항목 5개, 입지·경영의 성과에 관한 항목 8개, 부동산중개업 경영의 성과에 관한 항목 4개, 그리고 사회경제적 특성 및 인구통계적 특성 항목 6개 등으로 구성되어 있다.

본 연구에서 수집된 자료는 그 순수성과 객관성을 확인하기 위하여 통계적 분석과정이 수행되었으며, 통계처리를 위해 SPSS/PC$^+$를 이용하였다.

통계적 분석은 표본의 특성을 알아보기 위하여 빈도분석을 실시하였으며, 각 변수들의 집단 간 평균차이를 알아보기 위하여 평균차이분석을 실시하고 간 변수들의 차이분석을 위하여 χ^2검증을 실시하였다. 또한, 成果決定要因에 관한 심층분석을 위하여 다중회귀분석을 실시하였다.

이와 같은 과정을 거쳐 종속변수인 월평균 매출액, 월평균 중개의뢰인의 수, 월평균 거래계약 건수 등을 설명하는 가설을 다중회귀분석으로 검정하였다.

4. 本書의 構成

프랜차이즈 중개업의 경우에도 일반 프랜차이즈 시스템과 동일한 운영체계, 동일한 계약방식 등을 채택하고 있으므로 프랜차이즈 중개업의 成果決定要因을 연구하는 데 있어서 신행연구의 검토는 일반 유통 분야의 선행연구를 중심으로 고찰하고, 선행연구에서 도출한 成果決定要因變數를 프랜차이즈 중개업에 도입하여, 실증분석을 통한 成果決定要因을 도출하고자 한다.

앞에서 설정된 연구목적을 달성하기 위한 연구과정을 요약하여 표현하면 <그림Ⅰ.1>과 같다. 본 연구는 이와 같은 연구과정에 따라 모두 6장으로 구성되었으며, 각 장의 주요내용은 다음과 같다.

제Ⅰ장 서론에서는 연구의 배경, 연구의 목적, 연구의 범위 및 방법, 연구의 구성 등으로 기술하였다.

제Ⅱ장에서는 不動産仲介業과 프랜차이즈 시스템의 일반적 특성에 관한 기존 연구의 문헌을 고찰하여 不動産仲介業, 프랜차이즈 중개업, 프랜차이즈 중개업의 현황, 프랜차이즈 시스템의 계약 등을 종합적으로 정리하였다.

제Ⅲ장에서는 프랜차이즈 중개업의 성과에 관한 이론을 고찰하여 成果決定要因에 관한 선행연구를 일반 유통산업 분야의 연구와 부동산중개업 분야의 선행연구로 나누어 검토하였으며, 이를 바탕으로 본 연구의 연구가설을 설정하고, 경영성과와 成果決定要因을 채택하고 연구모형을 제시하였다.

제Ⅳ장에서는 기존연구를 바탕으로 분석방법에 대한 조사수단의 설계, 조사도구 및 방법으로 설문지의 구성, 변수의 측정을 기술하였으며, 이를 바탕으로 한 연구의 분석절차 등을 설명하였다.

제Ⅴ장에서는 조사결과의 분석으로 조사대상자의 일반적 특성, 프랜차이즈 중개업의 경영성과에 관한 집단별 평균분석, 프랜차이즈 중개업의 경영성과에 관한 가설검정과 교차분석, 프랜차이즈 중개업의 경영성과에 영향을 미치는 요인을 분석하기 위한 회귀분석, 분석종합 등을 실시하였다.

끝으로 제Ⅵ장은 결론으로서 연구의 결과를 요약하고 결론을 맺었으며, 연구결과의 의미 및 활용방안을 제시하고, 연구의 한계점을 살펴보았다.

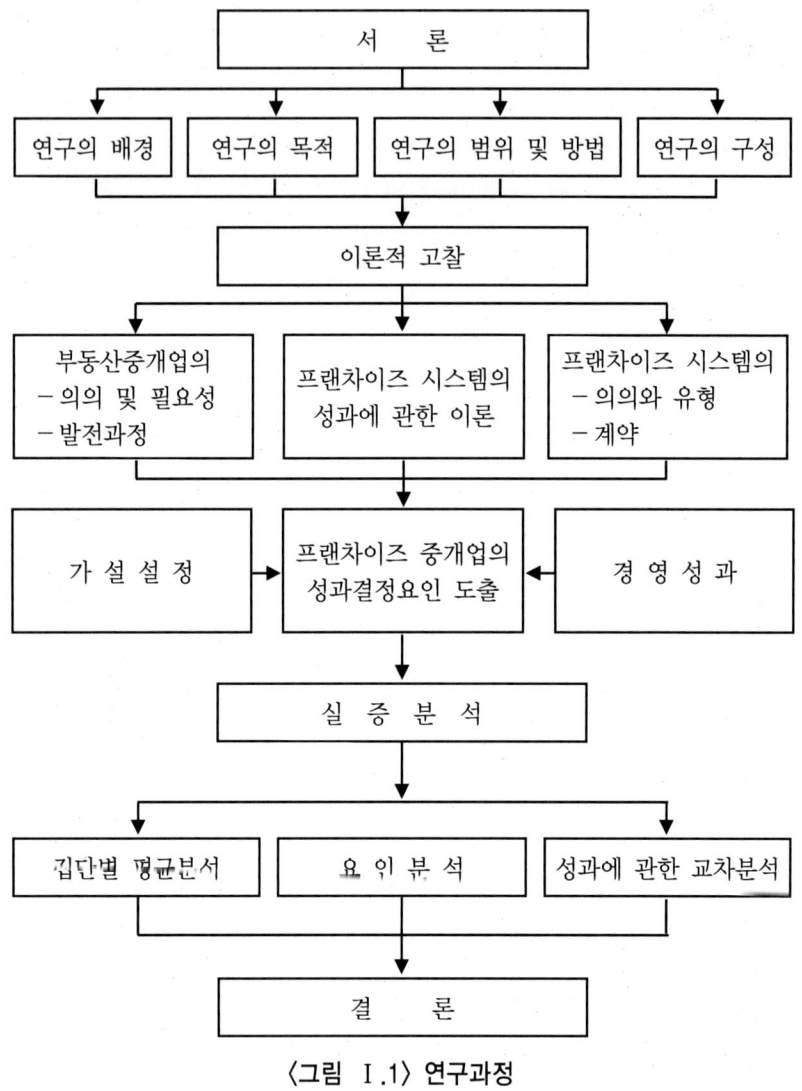

〈그림 Ⅰ.1〉 연구과정

Ⅱ. 不動産仲介業과 프랜차이즈 시스템

1. 不動産仲介業의 特性

부동산중개란 미국의 여러 학자들[6]이 정의하는 바와 같이 타인 간의 법률행위인 계약의 체결을 위하여 노력하는 행위로서 시장의 시세, 상대방의 신용 상태를 알아보고 대상물의 감정, 성질 등 전문적 자료를 준비하여 중개의뢰인인 당사자가 하고자 하는 일을 이룰 수 있도록 거래를 원활하게 하는 것을 말한다. 중개는 동적 측면에서 보면 행위이고 정적 측면에서 보면 기능이다.[7]

不動産仲介業은 타인을 위한 상행위의 대리 또는 중개를 하여 이에 대한 수수료의 획득을 목적으로 하는 영업으로, 不動産仲介業이란 不動産仲介業法 제2조 제1항에서는 "일정한 수수료를 받고 토지, 건물, 토지의 정착물, 대통령령이 정하는 재산권 및 건물 등

---

6) A. A. Ring, M. A. Urger, J. Dasso, C. Douglas, T. Smith, J. Gibbons, M. D. Brownstone, M. I. Franck 등이 있다.

7) 부동산은 그의 수요자가 필요로 하는 대상물건을 부동산이 위치한 곳에 가서 구입해야 하는 성격이 있다(임장활동).

중개대상물에 대하여 매도의뢰인과 매수의뢰인 사이에서 매매·교환·임대차·기타 권리의 득실변경에 관한 행위의 알선, 중개를 업으로 하는 것을 말한다"라고 규정하고 있다. 그러나 이러한 정의는 나라와 학자에 따라 차이가 있다.[8]

미국의 Maurice A. Unger 교수는 중개업자란 "보수를 받고 부동산 또는 부동산에 관한 이익의 구입·교환·임대를 조정하는 자"라고 정의하고 있다.[9] 또 아브라함(Abraham)은 不動産仲介業이란 자연인이나 법인인 중개업자가 타인의 부동산 거래를 돕고 보수를 받는 업으로 보았다.[10]

그리고 일본의 경우에 있어서는 택지건물거래업법에서 不動産仲介業을 "택지·건물의 매매 또는 교환, 임대차의 대리 또는 소개행위를 업으로 하는 것"으로 규정하고 있다.[11]

한편 김영진 교수는 "不動産仲介業은 타인의 부동산 거래를 중개하고 요금을 받는 업"이라 하고,[12] 이원준 교수는 "不動産仲介業이란 자연인이나 법인인 중개업자가 타인의 부동산 거래를 돕고 보수를 받는 업"이라고 정의하고 있다.[13]

---

8) 김남식, 1997, **"부동산 유통시장의 선진화 방안에 관한 연구"** 청주대학교 우암논총 제18집, p.24.
9) M. A. Unger, 1959, *Real Estate,* 2nd ed., South－Western Public Co., Cincinnati, Ohio, p.11.
10) S. V. Abraham, 1979, *Real Estate dictionary and Reference Guide,* Orange, Calif: Career, p.23.
11) 일본택지건물거래업법 제2조 제2호.
12) 김영진, 2000, **부동산학총론,** 범론사, p.216.
13) 이원준, 1999, **부동산학원론,** 박영사, p.584.

종합적으로 정리해 보면 "不動産仲介業이란 부동산의 거래를 의뢰한 중개의뢰인의 부동산을 매매, 교환, 임대차 등의 알선, 중개 등으로 부동산의 거래를 성립시키기 위하여 이를 조정하는 전문직업으로서 일정한 사무소를 두고 일정한 중개 수수료를 받으며 영업을 영위하는 업"이라고 할 수 있다.

따라서 不動産仲介業은 타인의 부동산 거래를 중개하고 보수를 받는 업으로서 단순한 매매 또는 소개하는 기능보다는 훨씬 높은 전문성이 요구된다고 할 수 있다.

한편, 부동산의 자연적 특성인 지리적 위치의 고정성(또는 부동성)은 부동산중개활동을 포함한 모든 부동산활동의 절대적인 전제가 되어 전개되는 것이다. 더구나 이 특성은 지가의 형성과 토지의 거래 및 이용활동을 국지화시키는 동시에 부동산시장을 불완전한 시장으로 만드는 요인이 되기도 한다. 이러한 부동산의 특성은 일반상품의 유통과는 달리 부동산을 이용하는 것이 아니고 인간과 정보의 이동에 의하여 거래활동이 이루어지는 것이며, 고객의 소재 또한 노출되어 있지 않아서 이로 인하여 부동산의 거래는 부동산중개를 전문으로 하는 유통기구인 부동산중개업자의 등장을 필요로 하는 것이다.[14] 또한 부동산을 거래할 때 중개업자는 적정 가격을 산출하여 부동산 가격 안정화에 공헌하기도 하고, 수급을 원활히 하거나 조절하며 책임감 있는 올바른 중개활동으로 국민의 재산권 보호에 막중한 역할을 하기도 한다.

따라서, 국민들의 재산상 피해를 최소화하고, 사회발전에 기여하며,

---

14) 전국부동산중개업협회, 1988, **부동산중개업자 교육제도 개선방안에 관한 연구,** p.7.

국가경제질서에 공헌하게 하기 위해서는 투철한 윤리의식 및 책임감, 전문성을 갖춘 공신력 있는 부동산중개업소의 육성이 필요한 것이다.

또한, 우루과이라운드의 타결로 국제경제는 새로운 전환기를 맞이하고 있으며, 우리나라 부동산시장도 1996년 1월 1일부터 전면 개방되면서 전문지식과 우수한 인력, 과학적 관리를 갖춘 선진국가의 종합부동산회사들이 개방물결을 타고 우리나라에 진출하고 있다.

따라서 우리도 전문종합서비스를 할 수 있는 대형화된 부동산중개업소를 육성하여, 부동산시장의 개방에 대비하고, 중개 서비스의 질을 높여 부동산중개업계의 이미지를 향상시킴으로써 대국민 신뢰도를 증진시켜야 한다. 또한 장기적으로 부동산중개업의 대외 진출을 모색해야 하는바, 우리나라도 부동산시장을 개방하여, 상대적으로 해외에 진출할 수 있는 길이 열려 있으므로 그에 대한 대비를 하여야 한다.15)

즉, 부동산시장의 개방화에 따라 우리나라 부동산시장을 지키고, 앞으로 해외 부동산시장에 진출하여 외화를 벌어들이기 위해 기업화된 부동산중개업소의 육성이 필요한 것이다.

不動産仲介業이 국내생산에서 차지하는 비중은 금융 및 보험·도소매업, 통신, 교육 및 연구업 등과 비슷할 정도로 크다고 할 수 있다. 또한 관련효과도 클 뿐만 아니라 전체산업의 수요와 관련이 깊다. 하지만 不動産仲介業은 대체로 개인적 전문성에 의존도가 높고 운영규모가 적어 문제가 많은 편이며, 부동산이라는 재화의 비이

---

15) 전국부동산중개업협회, 1990, **UR/협상과 不動産仲介業의 대응방안,** p.100.

동성 때문에 취급 대상물의 지역 고착성이 두드러진다. 따라서 不動産仲介業은 국지성업의 성격을 띤다. 아울러 부동산의 제도·경제·물리적인 환경이 항상 변하고, 상품의 다양성으로 인하여 不動産仲介業도 정보화되어 가고 있다.

이 밖에 不動産仲介業의 경우 경기적 타성에 의한 영향을 심하게 받는다거나 업종 불안정성이 높은 등의 특성을 가지고 있다.

또한 수급자의 비고정성 및 비노출성, 고객 의사결정의 유동성, 부동산시장의 복잡·다양성, 중개업무의 광범위성, 인사관리의 비중이 큰 점, 업무활동에 대한 능률예측과 통제의 곤란, 순수익의 유동성 등 7가지 특성이 있다.

이와 같은 특성을 보다 구체적으로 살펴보면 다음과 같다.

첫째, 수요·공급자의 비고정성이다. 부동산 거래는 일반재화의 유통과 달리 수요·공급자가 표면화되지 않고 거래가 끝나면 부동산시장에서 지속되지 못하고 끝나는 것이 특징이다. 좀 더 구체적으로 언급하자면 부동산 공급업자는 그 위치가 대외적으로 표면화되지만 수요자는 표면화되지 않는다.

둘째, 고객의 의사결정 유동성이다. 부동산의 거래는 고객의 주관에 의해서 의사결정이 좌우되므로 계약 체결의 결정은 전적으로 중개의 뢰인에 의하여 결정된다. 따라서 부동산중개업자는 중개과정이 복잡하고 많은 시간과 노력의 투입이 요구되는데, 계약의 성립을 보장하기 곤란하기 때문에 중개활동 의욕과 서비스의 질이 저하될 수도 있다.

셋째, 부동산시장의 복잡·다양성이다. 부동산시장은 주거용 부동산시장과 비주거용 부동산시장 등 용도별로 다양하고, 주거용 부동산시장은 주택의 구조와 설비 측면에서 종류가 많다.

또한, 부동산 유통 면에서도 과거의 단순한 중고주택의 유통에서 벗어나 매매대상 물건의 종류가 다양화되고 부동산 물건의 복잡한 계산방식과 지불방식 등으로 가일층 부동산시장이 복잡하게 되어가고 있다. 단순한 목조·단독주택에서 아파트, 맨션의 고층주택과 공장주택 등으로 구조와 형태에서 많은 변화를 가져오고 있다.

넷째, 중개업무의 광범위성이다. 부동산업은 단순한 매매의 중개활동으로부터 규모가 커지고 중개업무의 분야도 다양해짐으로 인하여 不動産仲介業에만 의존하지 아니하고 부동산 임대, 관리, 경영, 주택조성, 주택매매, 부동산금융, 보험대행 등으로 그 활동범위가 확대되어 가고 있는 현실이다. 그러나 우리나라 不動産仲介業法에 의하면 중개업자가 취급할 수 있는 대상범위를 "토지 및 건물, 기타 토지의 정착물, 입목, 광업재단, 공장재단 등의 중개대상물에 대하여 거래 당사자 간의 교환, 매매, 임대차, 기타 권리의 득실변경에 관한 행위 알선·중개를 업으로 하는 것을 말한다"라고 제2조 제1호에 규정하고 있다. 위의 조항에 의한 바와 같이 현행 不動産仲介業法은 부동산 거래질서 확립과 투기방지 등에 역점을 두고 있음을 예측해 볼 때 不動産仲介業이 정착되고 안정적 거래가 이루어지기 위하여 선진국에서 시행되고 있는 것과 같은 다양한 부동산 중개업무를 도입하는 것은 불가피해질 것으로 본다.

다섯째, 인사관리의 중요성이다. 서비스업종의 하나인 不動産仲介業은 설비적인 측면보다 인적 측면이 더 비중이 높은 데 특성이 있다. 부동산의 중개는 직원의 능력에 따라 경영실적이 달라진다.

따라서 직원의 선발과 교육제도, 보수방침 등을 수립하고 동기부여 및 업무평가의 관리를 철저히 하여야 한다.

여섯째, 기획과 통제의 곤란성이다. 부동산이 지니고 있는 다양한 특성과 여러 가지 부동산정책, 지가문제, 부동산시장의 수급동향, 부동산금융정책 등에 의하여 부동산시장이 형성되고 유지되므로 이러한 요인에 대한 예측이 어려워 기획과 통제를 곤란하게 하고 있다. 이것은 급변하는 장래의 상황을 예측하기 어렵게 하고 부동산시장의 변동 상황을 일일이 파악할 수 없어 능률적인 관리기능을 수행하는 데 어려움이 있다.

일곱째, 순수익의 유동성이다. 不動産仲介業의 순수익은 그 경영여건과 중개업자의 능력에 따라 매우 유동적이다.[16]

2. 不動産仲介業과 프랜차이즈 중개업

1)不動産仲介業

(1) 不動産仲介業의 起源

인간은 경제적인 동물로서 살아가는 데 재화가 없어서는 아니 되고 재화가 있는 한 서로 필요에 따라 교환하게 된다. 이러한 재화

---

16) 국토개발연구원, 1996, **부동산 서비스산업 개방에 따른 대응전략 세미나,** pp.9 - 10.

의 교환·유통에 있어서 필연적으로 어떠한 형태로든 중개행위가 이루어지게 되었다. 따라서 중개의 개념은 이미 고대사회에서도 물자의 유통과 함께 생겨났다고 한다.17) 우리나라에서도 이러한 유형의 중개인은 예전부터 객주와 거간이라고 불리는 상인형태로 존재하였으며 이 중 객주는 오늘날의 중개업에 해당하는 것이라 할 수 있다. 따라서 우리나라의 부동산중개업제도의 기원을 찾아본다면 고려시대의 중개상인 형태의 객주와 거간에서 출발하였다고 볼 수 있다. 또한 부동산매매, 임대차 등의 거간을 위하여 마련된 장소를 복덕방이라 하였다. 이 말은 조선 중엽 이후(18세기 초)부터 사용되었고, 19세기 초에는 가쾌라는 거간의 집이 있었는데, 주로 도시에 많이 있었다.

조선말엽에는 복을 소개하여 큰 복과 덕이 일어난다는 것에 준하여 붙여진 이름으로 생기복덕방이란 용어도 있었다. 이러한 복을 중개하는 사람 즉, 흥정 붙이는 사람을 집주릅이라고 하였는데 이 집주릅이 토지를 비롯한 부동산의 매매 및 임대차 등을 중개하는 사람으로서 오늘날의 부동산중개업자를 뜻하는 의미로 발전하였다. 이러한 객주나 거간 및 집주릅은 거의 같은 의미로 당사자 간의 거래를 가능하게 하고, 또한 유리하도록 노보하는 역힐을 해왔디. 이리한 복덕방은 일종의 자유업이었으나, 서구문물이 들어오고 개방화가 시작되어 집주릅이 무질서하게 늘어나게 되자 이를 규제하기 위한 필요성을 느껴 1890년대에는 客主居間規則을 만들어 통제하였다.

---

17) 이원준, 전게서, pp.6 - 7.

그 후 이 제도는 허가제도로 실시했던 적이 있었다.

거간의 연혁에 대한 몇 가지 입장을 대별하여 보면, 첫째, 거간은 객주에 의하여 발생되었다는 입장(객주기원설), 둘째, 외국인과의 교역을 중개하는 역할로서 출발하였다는 입장(교역기원설), 셋째, 자연경제시대의 증여, 공납, 개인적 물자유통시대에 있어서도 거간의 역할이 있었다는 입장(물자유통기원설) 등이 있다.[18]

최초의 복덕방 간판은 삼베를 주로 사용하였는데 이는 자체가 질겨서 오래 사용할 수 있고, 또한 그 밑을 여러 갈래로 갈라놓아 드나들기가 편하게 만들었다.[19]

(2) 近代의 不動産仲介業

서구문물이 들어오고 개화기가 시작되자 복덕방업을 경영하는 집주릅들이 무질서하게 늘어났으며, 이를 규제하기 위하여 1890년 5월 5일자로 발효된 이른바 客主居間規則을 제정하여 통제하였다.

이것은 중개업을 처음으로 제도화하는 계기가 되었으며, 당시 거간을 하려는 사람은 신원조사를 받은 후 일정한 절차를 거쳐 거간인가증을 받을 수 있도록 하여 거간의 선임방법을 신중히 하고, 거간들로 하여금 상인조합을 조직시키는 동시에 그들의 통제감독기관까지도 세우게 되었다. 그 후 이 제도는 당시 한성부에 한하여 거

---

18) 김기수, 1973, **한국민사중개계약론,** 법문사, p.21.
19) 월간부동산(편), 1978, **"중개업법 이렇게 바꾸어야 한다",** 월간부동산, p.16.

간허가제도로 실시하여 오다가 1910년 이후 자유체제로 바뀌었다가 다시 규제의 필요성을 느껴 1922년 경기도령 제10호 紹介營業取締規則을 제정하게 되었으며 이것은 부동산중개업법의 효시로 기록되고 있다.

그 후 1961년 9월 23일 법률 제726호로 紹介營業法을 제정하여 시행하였으며 다음 해인 1962년 9월 3일 법률 제1134호로 紹介營業法 중 혼인중매에 관한 조항을 삭제·수정하였다. 모법인 紹介營業法은 입법되었으나, 紹介營業法 施行令이 마련된 것은 1970년 2월 26일 대통령령 제4673호에서 비롯되었다.

전문 10조로 된 紹介營業法과 전문 8조로 된 紹介營業法 施行令은 소개대상이 부동산뿐만 아니라 동산, 기타 재산권으로 되어 있고 소개영업을 하고자 하는 사람은 어떠한 결격사항이나 아무런 자격기준이 없이 관청에 신고함으로써만 영업을 할 수 있도록 규정되어 있었다. 1960년대 초부터 정부의 경제개발계획의 과격한 추진으로 급속한 공업화와 도시화 현상이 나타났으며, 여러 가지 용도의 택지수요 증대와 주택의 수요 증가로 복덕방의 역할이 증대하기 시작하였다.

1970년대 후반에는 고속성세싱장의 여피로 지속적인 인플레이션, 물가상승, 소득증대, 시중부동자금의 증가 등 여러 가지 복합적인 요인으로 부동산 가격이 급등하는 등 부동산 투기 붐이 폭발하여 紹介營業法 改正의 필요성이 크게 강조되었다.

또한, 1980년대에 들어서서는 不動産仲介業도 중개대상물에 따라 분야별로 전문화와 조직화되었으며, 산업사회와 경제발전으로 인

한 부동산 문제의 발생과 부동산중개업의 전문화의 필요성이 대두
되어 부동산중개업법의 제정·개정 필요성이 대두되었다.

(3) 現行 不動産仲介業

① 중개업자의 자격과 등록

1983년에 제정된 不動産仲介業法은 不動産仲介業을 신고제에서
허가제로 전환했다는 것과 부동산중개업의 전문화와 과학화를 위해
새로운 자격제도로서 공인중개사제도를 도입했다는 점이다 공인중
개사가 되고자 하는 자는 특별시장·광역시장·도지사가 시행하는
공인중개사 자격시험에 합격하여야 한다. 이 시험에 응시하고자 하
는 자는 20세 이상이어야 하며, 시험은 제1차 시험과 제2차 시험으
로 구분하여 시행하되 경우에 따라서는 동시에 시행할 수 있다.

不動産仲介業은 시대의 변화와 함께 신고제에서 허가제로, 허가
제에서 등록제로 변천되어 오늘에 이르고 있다. 과거의 紹介營業法
은 신고에 의해 자유롭게 영업이 가능하도록 하고 있었다. 그러나
不動産仲介業法은 중개업의 전문성을 제고하고, 건전하고 투명한
부동산 거래질서를 도모하기 위하여 허가제로 전환하였다. 이에 따
라 不動産仲介業을 하고자 하는 자는 사무소를 두고자 하는 지역
을 관할하는 시·군·구청장으로부터 허가를 받아야 했으며, 허가
는 5년마다 갱신하여야 했다. 허가 관청은 중개업자의 밀집 등으로
투기우려가 있을 경우 중개업 허가를 제한할 수 있어 허가제한지역

에서는 중개업 허가를 받을 수 없었다.[20]

그러나 1999. 3. 31. 규제개혁을 위한 不動産仲介業法의 개정으로 허가제는 등록제로 전환되었다.

② 부동산중개 서비스

부동산중개업자는 부동산 관련 서비스 가운데 거래당사자 간 중개알선의 업무를 수행하고 있다. 일반적으로 거래과정은 중개의뢰(의뢰인)를 받아 중개대상물 및 권리관계를 확인(중개업자 및 소비자)하고, 거래당사 간의 합의를 한 후 계약의 절차를 거치고 있다. 따라서 중개업자의 서비스는 거래상담, 등기부 확인, 현장방문, 계약서의 작성, 계약금·중도금·잔금의 영수증 교환 등이다. 거래절차를 중심으로 행해지고 있는 중개 서비스는 다음과 같다.[21]

첫째, 중개의뢰인이 중개업자에게 대상물의 중개를 의뢰하고 중개업자가 받아들이는 과정이다. 이는 중개의 초기단계로 중개대상물의 매도와 매입 및 임대차가 이루어지기 위한 출발이라 할 수 있다. 통상적으로 일반계약에 의거하나 경우에 따라서는 전속중개계약도 이루어질 수 있다.

둘째, 중개업자가 중개대상물 및 권리관계를 확인하는 과정이다. 중개업자가 매도나 임대를 의뢰한 중개대상물에 대하여 현지답사를

---

20) 정희수, 1999, **"부동산업의 세계적 통합을 기회로 활용하자"**, 국토 4월호, 국토연구원, p.3.
21) 건설교통부, 전게서, pp.75 - 76.

하고, 소유권을 비롯한 여러 가지 권리관계를 등기부 등본에 의하여 확인하는 단계이다. 이는 중개대상물의 조건들이 구체화되는 단계라 할 수 있다. 만약 중개업자가 대상물과 권리관계의 확인을 잘못하여 거래사고가 발생하였을 때 손해배상책임을 지게 된다.

셋째, 매수인이나 임차인이 대상물과 권리관계를 확인하는 과정이다. 중개업자가 매물이나 임대물건에 대하여 정보를 제공하고, 소비자가 중개대상물이 소재하고 있는 현장을 답사하여 대상물에 대한 확인 및 권리관계를 확인하는 단계이다. 아직 거래정보가 구체화되지 않은 상태에서 소비자가 직접 확인하는 단계에 불과하다.

넷째, 합의 및 계약과정이다. 거래당사자 간에 매매나 임대차의 조건에 대하여 합의하면 계약을 하게 된다. 계약은 거래상 제반 조건들에 대해 합의된 내용을 계약서에 작성하고 이를 서면으로 서명·날인하는 단계이다. 이 경우 중개업자는 계약서를 작성하고, 서명·날인한 계약서를 거래당사자 쌍방에게 교부하여야 하며, 거래당사자 쌍방에게 계약금과 영수증을 교환하도록 하여야 한다.

마지막으로는 잔금을 지불하고 등기절차를 거치는 과정이다. 계약 후 중도금을 지불한 후 잔금을 지불하면 매매의 경우 소유권의 이전이 이루어지도록 협력한다. 중개업자는 잔금 지급과 매매의 경우 소유권의 이전을 받을 수 있는 권리가 발생한다. 중개업자는 거래당사자 간에 잔금과 영수증을 교환하도록 하고, 거래당사자에게 거래사고 발생 시 손해배상제도에 관계증서의 사본을 교부한다. 그리고 중개업자는 관계 서류를 받아 등기신청과 검인계약서의 검인을 법무사에게 의뢰한다. 이상의 절차가 완료되면 중개업자는 거래당사자로부터 중개 수수료를 받는다.

이와 같이 중개업자는 부동산 거래가 이루어지는 과정에서 중개의뢰인 당사자에게 서비스를 제공한다.

또한, 부동산중개업자가 중개의뢰인에게 제공하는 대표적인 서비스가 중개대상물에 대하여 확인·설명하는 것이다. 중개업자가 중개의뢰를 받은 경우에는 법에 규정된 사항을 확인하여 이를 당해 중개대상물에 관한 권리를 취득하고자 하는 중개의뢰인에게 서면으로 제시하고 성실·정확하게 설명하여야 한다. 그리고 중개업자는 중개가 완성되어 거래계약서를 작성하는 때에는 확인·설명사항을 서면으로 작성하여 서명·날인하고 거래당사자 쌍방에게 이를 교부하여야 한다.

중개업자가 중개행위를 함에 있어서 고의 또는 과실로 인하여 거래당사자에게 재산상의 손해를 발생하게 한 때에는 그 손해를 배상할 책임이 있다. 또한, 중개업자가 자기의 중개사무소를 다른 사람에의 중개행위 장소로 제공함으로써 거래당사자에게 재산상의 손해를 발생하게 한 때에는 손해를 배상할 책임이 있다.

이러한 업무보증제도는 1989년 不動産仲介業法 改正時 保證保險 또는 共濟加入, 供託 중 하나를 하도록 하고 있다. 그 이후 업무보증 금액은 공인중개사인 중개업자의 경우에는 5천만 원 이상, 법인인 경우에는 1억 원 이상이며, 중개사무소 개설등록을 한 후 10일 이내에 보증을 설정하고 그 증빙서류를 갖추어 등록관청에 신고하여야 한다. 중개업자가 공탁한 공탁금은 폐업 또는 사망한 날부터 3년 이내에는 이를 회수할 수 없다. 그리고 중개업자는 중개가 완성된 때에는 거래당사자에게 보증금액, 보증보험회사・공제사업을 행하는 자・공탁기관 및 소재지, 보증기간을 설명하고, 관계증서 사본을 교부하여야 한다.

손해배상책임의 보증실태를 살펴보면, 중개업자가 손해배상책임을 보증하기 위하여 보증보험이나 협회 공제에 가입할 수도 있고, 사무소 소재지를 관할하는 공탁기관에 현금 또는 국공채로 공탁할 수 있으나, 2000년 12월 현재 활동 중인 중개업자의 97.5%가 협회의 공제에 가입하고 있어, 보증보험에의 가입이나 공탁은 거의 행해지지 않고 있다.

중개업자의 업무보증에 의한 부동산중개거래사고와 손해배상 실태를 살펴보면, 중개업자의 거래사고는 1992년 4건, 1995년 36건, 1998년 61건으로 매년 증가하고 있고, 이에 따라 건당 지급액 규모도 증가하고 있다. 1992년부터 2000년까지 건당 평균지급액은 약 1천2백만 원이나, 2000년에는 건당 평균지급액이 약 1천3백만 원에 이르고 있다.

2) 프랜차이즈 중개업

(1) 不動産仲介業의 現況

不動産仲介業은 공인중개사와 중개인만이 할 수 있다. 이에 따라 부동산중개업자는 공인중개사, 중개인 그리고 중개법인으로 3원화되어 있다. 공인중개사란 不動産仲介業法에 의한 공인중개사 자격을 취득한 자를 말하며, 중개업의 전문화와 과학화를 위해 1983년에 도입되었다. 따라서 공인중개사가 되기 위해서는 자격취득을 위한 필기시험22)에 합격하여야 하고, 중개업을 하고자 할 때에는 중개사무소의 개설등록을 하여야 한다. 반면에 중개인이란 법인 및 공인중개사가 아닌 자로서 중개업을 영위하는 자를 말하며, 1983년 이전의 紹介營業法에 의해 영업신고를 하고 중개영업을 계속하고 있는 중개업자와 1990년 이전 중개인으로 영업허가를 받아 현재 영업을 영위하고 있는 중개업자가 이에 해당한다.

이와는 달리 중개법인은 자본금 5,000만 원 이상의 상법상의 회사로서 중개업만을 영위할 목적으로 설립된 것을 말한다.

1990년 이래 부동산중개업 종사자는 지속적인 감소추세를 보이고 있으나, 공인중개사의 비중은 높아지고 있어 공인중개사제도가 정착되어 가고 있음을 나타낸다. 이와는 달리 중개법인은 자본금 5,000만 원 이상의 상법상의 회사로서 중개업만을 영위할 목적으로 설립된 것을 말한다. 2000년 말 현재 전국에 등록된 중개업자 수는 법인이 553개, 공인중개사 26,319인, 중개인이 18,792인으로 총 45,844개소에 이르고 있다.

22) 공인중개사 자격시험의 시험과목은 제1차 시험 부동산학개론(부동산감정평가론 포함), 민법 및 민사특별법, 제2차 시험 부동산중개업법령 및 중개실무, 부동산공시에 관한 법령 및 부동산 관련 세법, 부동산공법이다(부동산중개업법 시행령 제11조 제2항).

<표 Ⅱ.1> 연도별 부동산중개업자 현황

연도별	총 계	법 인		개 인			
				공인중개사		중개인	
1991	55,379	482개	0.9%	15,584명	28.1%	39,313명	71.0%
1995	41,794	321개	0.8%	14,125명	33.8%	27,348명	65.4%
1996	40,813	220개	0.5%	16,091명	39.4%	24,502명	60.1%
1997	41,424	202개	0.5%	18,251명	44.1%	22,971명	55.4%
1998	40,085	175개	0.4%	18,565명	46.3%	21,345명	53.2%
1999	44,572	395개	0.9%	24,270명	54.4%	19,907명	44.7%
2000	45,844	553개	1.2%	26,319명	57.4%	18,792명	41.4%

資料: 全國不動産仲介業協會(2000년 12월).

1996년 이후 증가를 보이고 있는 것은 1999년부터 부동산시장이 회복되면서 부동산중개업소의 수가 증가세로 돌아섰고, 공인중개사 시험에 합격하고 不動産仲介業을 개업하는 사람이 증가되었기 때문이라 할 수 있다.

법인은 1991년 482개 업체를 최고 정점으로 큰 폭의 감소세를 매년 보이다가 1999년부터 증가되고 있다. 이는 부동산중개 서비스 시장의 영세성과 전근대적인 형태가 여전히 지배적이라는 것을 말해 준다. 그러나 부동산 경기가 되살아나고, 부동산중개업이 허가제에서 등록제로 전환됨에 따라 부동산중개업소의 창업이 활발해지고 아울러 법인의 설립도 증가할 것으로 보인다.

한편, 중개업자의 연령분포를 보면 <표Ⅱ.2>에서 보는 바와 같이 공인중개사는 30대에서 50대까지 많이 분포되어 있는 반면, 중개인은 50대 이상이 주류를 이루고 있다.

여기서 주목하여야 할 것은 자격제도와 관련하여 중개인의 분포 상황이다. 중개인의 연령분포는 60세 이상이 약 53%, 50대가 35%, 40세 이하도 12%에 달하고 있다.

이로 미루어볼 때 우리나라 남자의 평균수명을 70세로 보면 노령 화나 폐업 등을 통해 중개인이 자연적으로 감소되어 자격이 일원화 되기까지는 약 30년의 기간이 소요되는 것으로 추정할 수 있다. 따라서 시대의 변화와 여건변동에 부응하는 不動産仲介業으로 발전 시켜 나가기 위해서는 자격문제의 해결을 위한 정책수단이 강구될 필요가 있음을 알 수 있다.

〈표 II.2〉 부동산중개업자 연령별 분포현황

구 분	중개인	공인중개사	법 인	계
30세 이하	0(0.0)	282(1.5)	6(3.4)	288(0.7)
31세~40세 이하	146(0.7)	3,751(20.2)	35(20.0)	3,932(9.8)
41세~50세 이하	2,489(11.7)	8,112(43.0)	78(44.0)	10,679(26.6)
51세~60세 이하	7,422(34.8)	4,560(25.3)	45(26.3)	12,027(30.0)
61세~64세 이하	3,994(18.7)	1,06(5.7)	7(4.0)	5,067(12.6)
65세 이상	7,294(34.1)	794(4.3)	4(2.3)	8,092(20.2)
계	21,345(100.0)	18,565(100.0)	175(100.0)	40,085(100.0)

資料: 全國不動産仲介業協會(2000년 12월).

(2) 공인중개사 현황

다음 <표Ⅱ.3>의 자료를 보면 2007년 10월까지의 공인중개사는 총 25만 명 이상이며, 자격시험 합격자 중 중개사무소 등록을 한 공인중개사는 약 6만 9천여 명 정도로 전체의 1/3 정도에 불과하다. 이러한 것을 볼 때 공인중개사 중에서 상당수가 본인이 개업하지 않고 중개사무소나 부동산 관련 업체에 종사하고 있다고 볼 수 있다. <표Ⅱ.3>에서 보는 바와 같이 공인중개사에 대한 관심과 기대가 처음 시행될 시기에 폭발적이었다는 것을 알 수 있다. 이는 사회적 관심도와 기대치를 반영하는 것으로서 시험에서도 나타난다. 2회 시험부터는 전문자격사로서의 수준을 감안하여 6천 명 이하로 합격자를 유지하여 왔으나, 10회부터는 시험수준의 하향조정 정책으로 1만 명 이상의 합격자를 배출하였다. 또한, 1999년 IMF 이후 역시 많은 응시자와 합격률을 추론해 보건대 공인중개사에 대한 관심 및 기대는 사회성을 많이 반영한다 할 것이다.

<표Ⅱ.4>에서 보면 30대에서 가장 많은 합격자를 배출하였다는 것을 알 수 있다. 이는 가장 왕성한 사회활동을 하는 세대인 30대에서 IMF 이후 미래에 대한 불안감의 반영이라 할 수 있다. 그러한 패턴은 사회에 첫발을 딛는 20대와 40대에서도 나타나고 있다. <표Ⅱ.5>에서 보면 8회 시험 이전에는 고졸 출신의 학력소지자가 공인중개사 시험에 합격했다는 것을 알 수 있다. 그러나 9회 이후로는 확연히 대졸 학력 소지자의 합격자 수가 많다는 것을 알 수 있다. 이는 공인중개사에 대한 인식변화와 사회적 현상이 반영된 것이라 할 수 있다.

최근의 경우 합격자의 65%를 상회하는 비율이 대졸자 이상의 학력인 것을 보면 역시 같은 의미를 추론해 낼 수 있는바, 추세를 볼 때 공인중개사의 전문성을 높일 수 있는 충분한 인적 기반은 조성되어 있다 할 것이다.

〈표 Ⅱ.3〉 공인중개사 자격시험 횟수별 합격자 현황

(단위: 명, %)

횟수	시행일	출원자	응시자(B) (응시율)	합격자(C)	출원자 대비 합격률(C/B)	응시자 대비 합격률(C/B)
계		2,456,658	1,652,661	252,286	10.27	15.26
제1회	85.09.22	198,808	157,923(79.4%)	60,277	30.3	38.2
제2회	86.11.02	39,089	26,167(66.9%)	3,018	7.7	11.5
제3회	87.11.29	26,257	19,166(73%)	943	3.6	4.9
제4회	88.12.18	33,400	25,964(77.7%)	5,507	16.5	21.2
제5회	90.04.01	42,766	30,660(71.7%)	3,524	8.2	11.5
제6회	91.11.10	95,775	65,187(68.1%)	1,798	1.9	2.8
제7회	93.11.14	49,602	28,114(56.6%)	2,090	4.2	7.4
제8회	95.11.12	72,940	42,423(58.2%)	1,102	1.5	2.6
제9회	97.11.02	120,485	69,953(58.1%)	3,469	2.9	5.0
제10회	99.04.25	130,116	81,585(62.7%)	14,781	11.4	18.1
제11회	00.09.24	129,608	91,823(70.8%)	14,582	11.2	15.9
제12회	01.09.16	132,996	85,456(64.3%)	15,461	11.6	18.1
제13회	02.10.20	265,995	159,795(60.1%)	19,169	7.2	11.9
제14회	03.09.21	261,153	147,500(56.5%)	28,045	10.7	19.1
제15회	04.11.14	239,263	167,797(70.1%)	1,258	0.5	0.7
제15-1회	05.05.22	90,578	88,919(98.1%)	30,680	33.9	34.5
제16회	05.10.30	151,636	99,412(65.6%)	16,148	10.6	16.2
제17회	06.10.29	147,571	79,398(53.5%)	10,496	7.1	13.2
제18회	07.10.28	153,640	82,465(53.6%)	19,593	12.7	23.7

자료: 한국토지공사, 2007년 12월 말 기준.

<표 Ⅱ.4> 횟수별·연령별 합격자 현황

회수	계	20대	30대	40대	50대	60대
제1회	60,277	18,949	26,120	11,538	3,190	480
제2회	3,018	701	1,406	676	203	32
제3회	943	145	453	255	74	12
제4회	5,507	1,341	2,421	1,305	368	72
제5회	3,524	1,068	1,536	694	194	32
제6회	1,798	545	892	302	53	6
제7회	2,090	409	1,099	490	84	8
제8회	1,102	261	502	275	61	3
제9회	3,469	805	1,647	869	134	14
제10회	4,781	2,287	6,386	4,815	1,189	104
제11회	14,582	2,222	6,107	4,911	1,228	114
제12회	15,461	2,167	6,057	5,557	1,516	146
제13회	19,169	2,574	8,823	6,353	1,322	97
제14회	28,045	3,831	12,587	9,466	2,004	157
제15회	1,805	318	890	506	87	4
제15-1회	30,680	2,984	11,661	12,089	3,566	380
제16회	16,494	2,161	6,517	5,869	1,773	174
제17회	10,496	1,395	4,272	3,641	1,089	96

자료: 한국토지공사, 2006년 12월 말 기준.

<표 Ⅱ.5> 횟수별·학력별 합격자 분포

(단위: %)

구분	1회	2회	3회	4회	5회	6회	7회	8회	9회	10회	11회	12회	13회	14회	15회	15-1회	16회
기타	2.0	2.0	1.1	1.3	1.9	1.4	1.4	1.8	0.1	0.6	0.7	0.5	2.8	3.5	3.0	5.2	5.8
중졸	5.0	4.6	5.8	5.6	5.0	5.3	3.9	6.4	1.3	1.9	1.8	2.1	1.2	0.9	0.6	5.6	5.5
고졸	55.0	46.0	49.6	54.7	54.5	57.6	55.6	45.7	39.3	30.3	34.5	35.3	28.5	26.7	26.2	35.3	34.2
대졸	36.4	44.5	39.7	36.1	36.8	34.4	38.1	41.1	56.8	63.7	59.8	58.9	63.7	65.1	67.8	51.1	51.6
대학원	1.6	2.9	3.8	2.3	1.8	1.3	1.0	5.0	2.5	3.6	3.2	3.2	3.8	3.8	2.4	2.8	2.9

자료: 한국토지공사, 2006년 12월 말 기준.

(3) 부동산중개업자 현황

현재 부동산중개업자는 8만 8백여 명에 이르고 있다. 그러나 창업과 폐업이 자유로워 2004년의 경우 휴·폐업 수가 매달 4천에서 5천여 명에 달하는 공인중개사들이 휴업과 폐업을 반복하고 있다.

합격자가 늘면 부동산중개업자도 늘게 마련이다. 99년 4만 4천여 명이던 중개업자는 2004년 7만 2천여 명으로 5년 사이에 63%나 증가했고 2007년 12월 말 현재 전국의 중개업자 수는 8만 8백 명을 넘어서고 있다.

특히 공인중개사 시험에 합격한 후 중개업에 종사하는 공인중개사의 수가 급증했다. 99년 중개업자 중 공인중개사는 2만 4천여 명에 이르던 것이 2004년에는 6만 5천여 명으로 2.7배가 늘었다.

85년 자격시험 실시 후 합격자들의 창업률은 2007년 12월 현재 27.5%이다. 반면 중개인23) 수는 매년 줄어들고 있으며, 2007년 12월 현재 1만 9백5십여 명이다. 중개인들의 사망과 고령화가 그 이유이다.

98년까지 공인중개사보다 많았던 중개인이 99년에 처음 역전되었고 더 이상 공인중개사 자격 없이는 신규 등록이 되지 않기 때문에 이 같은 감소추세는 계속되고 있다.

---

23) 공인중개사 자격시험이 실시되기 이전 소개영업법에 의해 부동산중개업을 영위한 중개업자와 공인중개사제도가 도입된 이후에도 1989. 12. 30.까지 공인중개사 자격사가 아닌 자도 중개업 허가를 받을 수 있었는데 이들을 말함.

또한, 정부의 부동산정책에 따라 크게 영향을 받는 것으로 나타났다.[24)]

<표 Ⅱ.6> 중개업자 등록 현황

(2007. 12월 말 현재)

구 분	계	공인중개사	중개인	중개법인	비 고
계	80,827	69,466	10,951	410	
서 울	24,142	19,528	4,422	192	
부 산	3,806	3,273	507	26	
대 구	3,080	2,697	360	23	
인 천	5,456	4,926	519	11	
광 주	1,654	1,324	323	7	
대 전	2,389	2,090	289	10	
울 산	1,194	1,026	166	2	
경 기	24,443	22,245	2,118	80	
강 원	1,488	1,280	207	1	
충 북	1,609	1,323	277	9	
충 남	2,780	2,327	451	2	
전 북	1,630	1,354	256	20	
전 남	937	677	255	5	
경 북	2,229	1,904	322	3	
경 남	3,436	2,994	428	14	
제 주	554	498	51	5	

자료: 한국공인중개사협회, 2007년 12월 말 기준.

---

24) 김혁구, **공인중개사제도의 개선방안에 관한 연구,** 경기대학교 행정대학원 석사학위논문, 2006, pp.53－55.

지역별로는 인구가 집중돼 있고 개발이슈가 많은 수도권에 부동산중개업소가 밀집돼 있는 것으로 나타났다.

2007년 12월 현재 서울·경기·인천 등 수도권의 중개업소는 모두 5만 4천41개로 전체의 66.86%를 차지했다. 특히 경기도에 2만 4천4백43개가 몰려 있어 서울보다 많은 중개업자가 있는 것으로 나타났다. 이는 신도시 등 개발 이슈가 상대적으로 많기 때문인 것으로 풀이된다.

신행정도시 입지로 주목받고 있는 충남지역도 2001년 9백74개에 불과하던 중개업소가 2003년 하반기부터 증가하기 시작해 2천7백80개로 3년 사이에 286%나 늘었다. 하지만 신행정수도건설특별법이 위헌으로 결정된 10월 이후 신규창업 업소는 급격히 줄어들었다.

공인중개사제도가 도입된 첫해인 85년에 중개업자는 4만 5천여명이었고, 다음 해인 1986년 4천 명 정도가 늘어 91년까지 5만 명대를 유지했으나, 92년부터 4만 명대로 떨어져 2001년까지 4만 명대에서 증감을 반복했다. 특히 IMF를 전후해서는 겨우 4만 명 선에서 턱걸이하기도 했다. 그러나 2002년 5만 8천9백20명이던 것이 2003년 6만 7천3백84명으로 급격히 증가했고 2004년에는 7만 2천2백47명으로 크게 증가하여, 2007년 현재 중개업사의 수는 8만 8백27명에 이르고 있다.[25]

---

25) 김혁구, 상게논문, p.57.

〈표 Ⅱ.7〉 연도별 중개업자 증감 현황

(2007년 12월 말 현재)

구 분	계	공인중개사	중개인	중개법인	비 고
2007.12	80,827	69,466	10,951	410	
2006.12	78,611	66.276	11,910	425	
2006.4	77,953	64,530	12,908	515	
2005	76,164	62,432	13,203	529	
2004	72,247	57,362	14,331	554	
2003	67,384	51,354	15,490	540	
2002	58,920	41,663	16,673	584	
2001	49,680	31,458	17,566	656	
2000	45,845	26,452	18,776	617	
1999	44,428	24,131	19,879	418	
1998	40,083	18,617	21,286	180	
1997	41,424	18,251	22,971	202	
1996	40,813	16,091	24,502	220	
1995	41,189	14,373	26,523	293	
1994	42,865	13,797	28,712	356	
1993	45,439	13,055	32,036	348	
1992	49,735	14,108	35,154	473	
1991	55,379	15,584	39,313	482	
1990	56,131	13,130	42,690	311	
1989	55,409	10,667	44,582	160	
1988	52,866	9,006	43,789	71	
1987	53,131	6803	46,292	36	
1986	50,068	5,988	44,049	31	
1985	45,923	4,173	41,721	29	

자료: 국토해양부, 중개업자 등록현황 자료, 2007. 12.

(4) 국내 프랜차이즈 중개업의 현황

최근 부동산 서비스 시장의 개방과 소비자의 욕구 충족을 위하여 프랜차이즈 형태의 부동산중개업이 등장하게 되었다. 부동산 경기의 침체로 중개업소의 폐업이 속출하는 가운데 특정 브랜드를 공동으로 사용하는 부동산중개 프랜차이즈가 부동산중개업계의 새로운 영업 전략으로 인기를 모으고 있다.

부동산중개 프랜차이즈 가맹점은 체인 본부가 갖고 있는 높은 공신력과 브랜드 인지도를 활용, 고객에게 보다 쉽게 접근할 수 있어 영업이익을 높일 수 있는 게 장점이다. 특히 개별 중개업소에는 서비스하기 어려운 체계적인 투자정보 및 개발정보를 체인 본부로부터 지원받을 수 있다. 따라서 프랜차이즈 중개업의 경우 본부기업이 체인중개업소에 상호, 이미지, 영업 전략, 광고 등을 사용하게 하여 사업경험이 풍부하지 않은 신규개업 예정인 공인중개사 혹은 기존 영업부진을 탈피하려는 중개업자 등에게 부동산경영정보 등을 제공함으로써 중개업을 한 단계 발전시킬 수 있는 기회를 제공하기도 한다. 부동산중개 프랜차이즈는 풍부한 정보를 바탕으로 다양한 서비스를 고객에게 제공할 수 있어 프랜차이즈 가맹점이 급속하게 증가될 것으로 전망되고 있다.[26]

국내에 첫 번째로 부동산중개 프랜차이즈의 뿌리를 내린 부동산랜드는 1994년 4월 출범하여 2001년 1월 기준으로 670여 개의 가

---

26) 서진형, 2000, **공인중개사 창업과 경영,** 부연사, p.57.

맹점을 확보한 프랜차이즈 업체로 성장했다. 부동산랜드의 가맹비는 200만 원(부가가치세 별도)이고 계약기간은 2년이며, 매달 1만 5천 원의 월 회비도 있다. 가맹점의 영업권역은 아파트 세대 수를 기준 으로 800세대이다. 한 지역에서 부동산랜드의 공동상표를 사용하는 가맹점이 여러 개 나올수록 좋다는 다다익선 전략으로 영업권역을 설정하고 있다. 가맹점 지원 서비스의 내용 중에서 인터넷상의 전국 부동산정보망이다. 1998년 5월에 가동한 부동산정보망은 최다 가맹 점을 확보하고 있어 정보량이 많다는 장점이 있다. 이 외에도 한국 일보 수요일판, 경향신문 월요일판, 서울경제 수요일판에 가맹점이 보유한 급매물을 게재해 주고 있으며 매물관리 등 전산관리프로그 램의 무료설치, 주택자금대출, 토지개발에 관한 무료컨설팅, 건축 시 무료가설계, 익스프레스업체 등도 지원해 주고 있다.

'M'21은 1998년 4월에 출범하여 2001년 1월 기준으로 110개의 가맹점을 확보했다. 짧은 기간에 많은 가맹점을 확보할 수 있었던 것은 매일경제신문이라는 강력한 매체의 영향력 때문이다. 한경부동 산정보라인과 마찬가지로 중앙일간지를 매개로 한 'M'21은 가맹점 지원 서비스도 매물광고에 한정되어 있다. 가맹비가 200만 원이고 계약기간은 3년이다. 서울, 수도권 아파트단지에 집중된 'M'21 가 맹점은 아파트 2,000세대를 기준으로 영업범위를 분할하여 주고 있 으며, 이 범위 안에서 가맹점은 독점적인 지위를 갖고 있다. 'M'21 은 중개업소의 매물광고를 중앙일간지 매일경제신문에 무료로 실어 주어 프랜차이즈업계의 바람을 일으켰다. 또한, 부동산정보센터라는 정보네트워크를 구축하여 온라인상으로 가맹점 간 또는 본사와 가맹점의 정보 교류 및 매물공유 등을 가능하게 하고 있다. 소식지 발간, 인터넷과 PC통신의 매물등록, 거래고객에 대한 하나은행의 주택자금대출서비스 및 이사, 세무, 법무 등 협력업체의 지원 등 서비스를 강화하고 있다.

부동산정보지의 선두 자리를 굳힌 부동산뱅크는 1999년 5월, 정식으로 부동산중개 프랜차이즈를 출범시켰다. 2001년 1월 기준으로 부동산뱅크 가맹점 수는 133개이다. 계약기간 2년에 가맹비는 300만 원(부가가치세 별도)이다. 월 회비가 없어 가맹점의 부담은 적은 편이다. 영업권역은 아파트 세대 수를 기준으로 2,500세대로 이 범위 안에서는 가맹점이 독점적으로 누릴 수 있는 권한이 주어진다. 또한, 부동산중개센터를 운영하여 부동산뱅크의 인지도, 상호로 고객을 창출시켜 가맹점을 지원해 주고 건설업체 등 부동산담당자와 가맹점을 연결해 주는 지원시스템이다. 부동산뱅크의 장점은 국내 최대 부동산전문사이트 네오넷을 통한 종합 네트워크망에 가입할 수 있는 점이다. 인터넷 사이트 중에서 접속량이 가장 많은 네오넷은 부동산뱅크라는 출판지 못지않은 인지도를 갖고 있기 때문이다.

ERA는 1996년 1월부터 국내에 상륙하여 영업을 개시했다. 중개서비스를 전문으로 하는 외국브랜드로서 최초이다. 최첨단 프랜차이즈 시스템을 무기로 국내 부동산중개시장을 공략한 ERA는 철저한 대 고객서비스와 효율적인 교육매뉴얼로 척박한 국내 부동산중개시장에 영향을 주었다. ERA의 주택하자보장제도는 ERA의 독특한 지원시스템으로 소비자 중심의 부동산중개 서비스를 제공하고 있다. 입주 후 30일 내 난방, 상·하수도시설, 베란다 새시, 주방기기에

하자가 발생한 경우 보상해 주는 주택하자보장제도는 부동산매도자 보호제도와 달리 가맹점에 서비스해 주고 있다. 격주간으로 발행하고 있는 ERA부동산저널은 매물홍보 및 부동산 지역 정보를 고객에게 제공해 지역정보지 역할을 톡톡히 하고 있다. 또한, ERA에서 계약하는 고객은 부동산을 거래할 때 주택자금대출을 일반고객보다 0.25% 낮은 금리로 대출해 주고, 중개하자 발생 시 최고 1억 원까지 보상해 주는 제도를 운영하고 있다. 이 밖에도 포장이사, 청소, 인테리어 서비스를 업체와 연결하여 지원해 주고 있다. ERA의 가맹점 수는 160개이고 가맹비를 사업 초기의 1,500만 원에서 300만 원으로 대폭 낮추었다. 월 회비는 20만 원이고 계약기간은 3년이다. 국내 프랜차이즈의 독점권역보다 많은 5,000세대를 기준으로 영업범위를 정해 주고 있다.

세계 최대의 부동산중개 프랜차이즈회사인 센츄리 21은 1997년 6월부터 영업을 개시하여 2001년 1월 기준으로 가맹점이 110개이다. 센츄리 21의 특징은 다양한 교육프로그램을 통한 부동산 전문가 양성이다. 타 업체에 비해 교육에 대한 과정이 많을 뿐 아니라 교육과정도 철저하다. 가맹비는 계약기간에 따라 차별화시키고 있는데 10년은 1,500만 원, 5년은 800만 원, 3년은 500만 원이다. 센츄리 21 가맹점의 지역별 분포는 타 업체에 비해 다양하다. 센츄리 21은 부동산 거래정보시스템 크레디21이라는 정보망을 통하여 본사와 연결된 가맹점들과의 자료교환 및 거래정보 등을 자체 전산망을 통해 운영하고 있다.

부동산정보라인은 1997년 7월부터 가맹점을 모집하여 2001년 1

월 기준으로 가맹점 수가 153개이다. 가맹비는 100만 원(부가가치세 별도)이고 월 회비는 받지 않고 있으며, 계약기간은 2년이다. 영업권역은 대부분 타 업체의 경우 아파트 세대 수를 기준으로 하는 것과 달리 1개동 1개 업소 원칙이다. 따라서 해당지역에 먼저 선정된 업체가 있을 경우 가맹이 불가능하다. 매주 한국경제신문 부동산면 목요판 아파트시세표, 토요판 매물중개방란에 무료로 가맹점 매물을 실어 주고 있다. 한경부동산정보라인이 가맹점에 지원해 주는 서비스는 한국경제신문의 매물기사 및 아파트시세표 게재가 중심이지만 이러한 매물광고 형식의 신문게재뿐 아니라 관심지역 뉴스 및 기획기사, 가맹점 인터뷰 등 지면활용을 통한 간접적 지원도 하고 있다. 또한 PC통신의 한경인터넷 및 에코넷을 통해 부동산 매물의 전속 게재는 물론이고 가맹업체 간 부동산정보 교류 등도 지원해 주고 있다.

국내의 대표적인 부동산전문지인 부동산플러스는 1998년 1월 부동산프랜차이즈사업을 시작했다. 부동산뱅크와 마찬가지로 부동산전문지라는 이점을 활용한 매물광고를 무료로 지원해 주고 있다. 격주간으로 발행하는 부동산플러스에 가맹점 매물을 20개까지 무료로 실어주고 있으며 광고 시 가격을 10% 할인해 주고 있다. 이 외에도 PC통신, 인터넷 등에 매물을 무료로 등록할 수 있으며 이사, 주택자금대출 등 협력업체의 지원을 통해 고객서비스도 지원해 주고 있다. 가맹비는 5년 계약에 100만 원이고 월 회비는 없다.

부동산전문지인 부동산가이드도 부동산프랜차이즈사업을 하고 있다. 98년 3월에 영업을 시작한 부동산가이드는 50여 개의 가맹점을 확보하고 있다. 가맹비는 100만 원이고 월 회비는 받지 않고 있으며 계약기간은 3년이다. 격주간으로 발행하고 있는 부동산가이드에 매물광고를 무료로 지원해 부동산전문지가 활용할 수 있는 서비스 위주로 가맹점을 지원해 주고 있으며 기타 이사업체, 금융기관 등과 업무협약을 통한 지원도 해주고 있다.

전문이사업체인 007트랜스는 고객서비스를 보다 다양하게 하기 위해 부동산중개 프랜차이즈 영업을 시작했다. 부동산중개와 인테리어, 이사를 연결한 토털 서비스라는 캐치프레이즈를 걸고 1997년 7월에 출범했다. 가맹점은 20여 개에 불과하지만 TV등 적극적인 광고로 브랜드 인지도를 높이고 부동산전산망을 구축하는 등 서비스 개발을 하고 있다. 주요한 서비스의 내용은 생활정보지 토탈라이프를 발간하여 가맹점의 매물광고 무료 지원, 랜드월드라는 자체 정보망을 통한 가맹점 홍보지원, 이사, 인테리어 이용 시 20~30% 할인 지원, 전자제품 구입 시 30% 할인 지원 등이 있다. 계약기간 10년에 가입비는 300만 원(부가가치세 별도) 월 회비는 10만 원, 가맹점의 영업권역은 아파트 세대 수 기준으로 1000세대이다.

미국의 콜드웰뱅커, 리맥스, 프루덴셜부동산 등과 캐나다의 홈라이프는 국내에 아직 진출하지 않았지만 진출이 예상되는 세계적인 중개 프랜차이즈 업체이다.

특히 전세계적으로 2,400여 개의 가맹점을 두고 있는 콜드웰뱅커는 국내진출을 계획하고 있고, 리맥스는 국내진출을 위해 시장조사에 착수했으며, 국내 보험업계에 이미 진출해 있는 프루덴셜부동산도 국내에 진출하기 위하여 계획을 세우고 있다.[27]

이 외의 중개 프랜차이즈로는 유니에셋, 부동산써브, 부동산 마트, 태인컨설팅 등이 전문지 등을 이용하여 영업을 하고 있다. 우리나라에서 운영되는 프랜차이즈 현황은 <표 Ⅱ.8>에서 보는 바와 같다.

〈표 Ⅱ.8〉 프랜차이즈 중개업의 현황

구 분	부동산랜드	ERA	센츄리21
출범시기	1994년	96년 1월	97년 6월
가맹점 수	670	350	160
가 맹 비 (VAT별도)	200만 원	300만 원	300~1,500만 원
회 비	15,000원	월20만 원	이익 10%
계약기간	2년	3년	2년~10년
독점권역	800세대	5000세대	2000－3000세대
가맹점 지 원 서비스	인터넷 부동산 정보망에 매물등록 매물관리프로그램 무료 지원 일간지를 통한 매물기사 제공	중개하자 발생 시 최고 1억 원까지 보상서비스 각종 교육프로그램 실시 고객, 매물, 계약관리 전산화 지원 직원모집 및 관리직원 ERA부동산저널 발행, 배포	전문 교육프로그램을 통한 부동산 전문가 양성 전문가 파견해 지역마케팅전략 지원
고객지원 서 비 스	주택자금대출 시 고객전담창구 지원 포장이사 할인가격 지원	주택자금대출 시 ERA 고객에 한해 0.25% 낮은 금리 적용, 주택하자보장서비스, 포장이사 및 청소서비스 시 할인금액 적용, 고객만족서비스센터 운영	포장이사, 인테리어, 주택금융, 등기, 세무, 법률 등 원스톱쇼핑 지원 해외부동산중개 서비스
주 요 사업계획	부동산 정보망 확충	부설부동산아카데미 설립 매수자, 매도자 하자보장제도 등을 단계적으로 실시	부동산 거래정보시스템 가동
특 징	국내 부동산프랜차이즈 중 가장 많은 가맹점 확보	선진 프랜차이즈 시스템 지원	전문 교육프로그램을 통한 서비스 차별화

---

27) 서진형, 상게서. pp.80－84.

구 분	부동산정보라인	007LTI컨설팅	부동산플러스	부동산가이드	'M'21
출범시기	97년 7월	97년 7월	98년 1월	98년 3월	98년 4월
가맹점 수	153	20	38	50	110
가 맹 비 (VAT별도)	100만 원	300만 원	100만 원	100만 원	200만 원
회비	-	월10만 원	-	-	-
계약기간	2년	10년	5년	3년	3년
독점권역	1개동 1개업소	1000세대			
가맹점 지 원 서비스	한국경제신문 지면을 통한 매물광고 무료지원 및 아파트시세 정보 게재 PC통신, 한경인 터넷 및 에코넷 등에 매물, 시세 게재 정기세미나 개최 및 교육 실시	자체 개발한 부동산 정보망을 통한 매물정보 교류 및 홍보 생활정보지인 007토탈라이프 지 광고 무료 지원 TV광고, 신문광고 등 체계적인 광고 지원	부동산플러스지 물건광고(20개) 무료지원 및 광고가격 할인 PC통신, 인터넷 등에 매물등록	부동산 가이드에 매물광고 1구좌 무료 지원 및 광고가격 20% 할인	매일경제신문지 면을 통한 매물 광고 무료 지원 PC통신, 인터넷 등에 매물, 시세 정보 게재
고객지원 서 비 스	이사, 금융대출, 인테리어, 건축 설계 등 부동산 정보 라인 지원단 발족으로 업무 자문 및 알선	080서비스제도 007트랜스킹을 통한 이사 인테리어 업무할인 지원	주택, 포장이사 등 협력업체 구축	이사, 금융기관 등 업무협력체 지원	주택자금대출서비스 이사, 세무, 법무 등 협력업체 지원
주 요 사업계획	부동산정보라인 정보지 발행 연 2회 정기 부동산 컨설팅교육 실시	가맹점 홍보지원 강화			가맹점 인터넷 홈페이지 무료제작 부동산정보센터 운영
특 징	부동산 상설 전시장 및 세미나 개최를 통한 적극적인 홍보지원	부동산, 이사, 인테리어의 토털 서비스 지원	부동산마이더스 매물지원	가입비 저렴	높은 브랜드 인지도와 적극적인 홍보 및 광고지원

구 분	부동산뱅크	태 인	부동산써브	유니에셋	코아셋
출범시기	98년 5월	98년 6월	97년 8월	2000년 4월	2000년 6월
가맹점 수	133	31	550	780	300
가 맹 비 (VAT별도)	300만 원	200만 원	330만 원	수도권 200만 원 (3년) 수도권 외 100만 원(3년)	200만 원
회 비	–	–	A형 10만 원, B형 20만 원	수도권 150만 원 (3년) 수도권 외 100만 원(3년)	연 150만 원
계약기간	2년	–	3년	3년	3년
독점권역	2500세대	1개 동		읍·면·동별 2개 (아파트단지는 1000세대당 1개)	협의
가맹점 지 원 서비스	부동산뱅크지 물 건광고 1구좌(10 개) 무료지원 및 광고가격 20% 할인 PC통신, 인터넷 등에 매물등록 인터넷 홈페이지 무료제작	· 천리안, 하이 텔, 나우누리를 통한 매물정보 · 아파트시세, 매물정보 제공 · 일간 태인경매 정보지 제공 · 정기적 연수교 육	· 벼룩시장에 광 고 · 파이낸셜에 매 물 게재 · 디지털조선에 매물 게재 · 경매정보지 무 료 제공 · 전자상거래소 운영	· 법률중개업무 프로그램 제공 · 지역선점권 부 여 · 부동산뮤추얼 펀드 및 분양 대행업무 지원 · 은행대출 협력 점 · 다양한 교육프 로그램	· 주택은행금융 상품취급허용 · 무인경비시스 템무료설치 · 간판교체비용 지원 · 인터넷홈페이 지 무료제작 · 광고전략지원 · 가맹점 교육
고객지원 서 비 스	세무, 법률, 금 융, 이사, 청소 등 협력업체로부 터 서비스제공	· 세무, 법무, 금 융, 이사일괄 제공	· 경락잔금 매매 잔금부동산 담 보대출 연결	· 부동산금융 알 선 · 이사대행 및 할인	· 대출금융 · 이사도우미 · 홈인테리어 지 원
주 요 사업계획	부동산중개센터 운영		· 전국적 가맹점 을 통한 부동 산정보지기망 구축	· 가맹점 인터넷 홈페이지 무료 제작 · 부동산정보센 터 운영	–
특 징	10년간 축적된 부동산 정보망 지원	· 경매정보 전문	· 간판교체비용 지원	· 높은 브랜드 인지도와 적극 적인 홍보 및 광고지원	· 10년간 축적 된 부동산 정 보망 지원

資料: 서진형, 1998, **공인중개사 창업과 경영**, p.88, 각 프랜차이즈 본부의 홈페이지 조사 등을 중심으로 재작성.

(5) 미국 프랜차이즈 중개업 현황

미국의 프랜차이즈 중개업은 NAR과 다소 마찰은 있지만, 전반적으로 병존하고 있으며, 그 가맹점 수도 점차 증가하고 있는 추세에 있다. 이러한 의미에서 볼 때 영세한 소규모 부동산 유통업체들이 널리 알려진 프랜차이즈 형태의 대규모 부동산회사의 가맹점으로 가입하는 가맹점 수가 증가하는 것은 부동산 유통산업 즉, 부동산중개 조직이 근대화·대형화하고 있음을 의미한다.

또한 최근에는 정보통신의 발달, 컴퓨터기술의 발달, 인터넷 비즈니스의 확산으로 프랜차이즈 시스템은 전세계적으로 구축되고 있다. 이러한 프랜차이즈 시스템은 높은 수준의 중개 서비스를 전세계의 부동산중개실무에 종사하는 자와 중개의뢰인에게 양질의 서비스를 제공하는 장점을 가지고 있다. 현재 미국에서 범지구화를 이끌고 있는 미국의 부동산중개 프랜차이즈회사는 다음과 같다.

CENTURY 21은 부동산중개 분야에서 세계 제일의 소비자 브랜드를 가지고 있으며, 가장 규모가 크고 경쟁력을 가지고 있는 네트워크를 구축하고 있다. 이 회사는 1971년부터 부동산프랜차이즈 시스템을 구축하기 시작하였다. 한국을 포함하여 25개 국가에 걸쳐 6,300여 개의 부동산중개 프랜차이즈 가맹점이 있으며 본부는 뉴저지주에 있다. 이 회사는 가맹점에 종합적인 교육훈련, 관리, 행정 및 마케팅을 지원하고 있으며, America Online에 21 Online이라는 컴퓨터 네트워크를 구축하고, 이를 통하여 부동산 관련 뉴스와 정보를 프랜차이즈 가맹점에 제공하고 있다. 이 밖에도 CENTURY 21

Communities와 Power Pak 21 등을 통해서도 많은 부동산 관련 정보를 제공하고 있다.

또한 CENTURY 21 Fine Hoes & Estates, CENTURY 21 Recreational Properties, CENTURY 21 Commercial Investment Network 등 특정 분야로 그 업무영역을 넓혀가고 있다. 이 밖에도 AT&T, ADT Security System과 같은 세계적인 회사와 제휴하여 만든 CENTURY 21 CONNECTIONS를 구축하였다. 이를 통해 좋은 상품과 서비스를 편리하고 저렴하게 이용할 수 있도록 원스톱서비스(one stop shopping)와 토털홈서비스(total home service)를 프랜차이즈 가맹점에 제공하고 있다.

ERA 역시 주거용 부동산중개 분야에서 선도적인 역할을 수행하는 부동산중개회사로서 1971년부터 프랜차이즈 시스템을 구축하기 시작하였다. 모든 ERA 가맹점은 독립적으로 운영되고 있다. 미국 전역과 한국·일본을 포함한 19개 국가에 걸쳐 2,600여 개의 가맹점이 ERA 부동산 네트워크를 구축하고 있다. 본부는 뉴저지주에 있다. ERA는 1996년 2월에 여행과 부동산 서비스로 유명한 세계적인 기업인 Cendant Corporation의 자회사가 되었다.

RE/MAX는 Real Estate Maximums의 준말로서 1973년에 프랜차이즈 네트워크를 구축하기 시작한 회사이다. 전세계 34개 국가에 걸쳐 3,400여 개의 가맹점을 보유하고 있다. 미국과 캐나다는 물론 영국, 프랑스, 독일, 이태리 등 유럽에 프랜차이즈 네트워크를 구축하고 있다는 점이 특징적이다. 덴버에 본부를 두고 있는 RE/MAX는 대형 풍선기구를 이용한 광고로 유명하다. 또한 1994년 11월에는 인공위성을 이용한 RE/MAX 네트워크(RE/MAX Satellite Network: RSN)를 구축하여 프랜차이즈 가맹점에 관련 서비스를 제공하고 있다. 또한, RSN을 이용하여 네트워크 간 커뮤니케이션을 촉진시키고 있고, RSN비디오를 제작하여 주택구매와 이사 관련 정보를 고객에게 제공하고 있다.

이 밖에도 미국에는 Coldwell Banker Corporation, The Prudential Real Estate Affiliates, Inc., REALTEC, Buyer's Agent Realty Franchise Corporation 등 20개 이상의 업체들이 있다.

이 가운데 Coldwell Banker 부동산회사는 1914년 Coldwell과 Banker가 합작하여 세운 회사로 1981년에 프랜차이즈 네트워크를 구축하기 시작한 회사이다. 주택 판매에 관한 한 세계에서 세 번째로 큰 회사이다. 이 회사는 북중미와 카리브 해 연안 국가, 필리핀, 싱가포르 등에 3,000여 개의 가맹점을 보유하고 있으며, 본부는 뉴저지주에 있다. The Prudential부동산회사는 1988년에 설립된 이래 10년 만에 미국과 캐나다를 중심으로 1,500여 개의 프랜차이즈 가맹점을 보유하고 있다.

3. 프랜차이즈 시스템

1) 프랜차이즈 시스템의 도입배경

(1) 프랜차이즈의 의미

프랜차이즈(franchise)란 용어는 본래 매우 다양한 의미를 가지고 있다. 가장 넓게는 자유라는 의미로 사용되고, 통상적으로는 권리, 권한, 면책, 특권 등의 의미로 사용되었는데 때로는 이들 모두를 포함하는 복합적 의미로 사용되기도 한다.[28]

어원적으로 프랜차이즈 용어의 기원은 프랑스 문화에서 유래하였다. 중세기 말 프랑스에서 프랜차이즈(franchise)라고 알려진 개념은 '자유를 준다(to free)'를 의미하는 고대 프랑스 단어인 'Franc'와 'Francher'에서 유래된 어원이다.

獨逸에서는 franchisee를 franchisenemer로, franchisor를 franchisegeber로 각각 표기하고 있고, 일본에서는 영어발음대로 표기하고 있으며, 중국에서는 franchisor를 總經商人으로 옮기고 있다.

프랜차이즈 시스템은 프랜차이저(franchisor)의 상호, 상표, 경험, 마케팅 기술 등을 바탕으로 하여 상품화를 위한 제 지식이나 제 정보에 관한 특권이나 특허를 프랜차이지(franchisee)에게 계약으로 부여하는 계약제도라고 할 수 있다.[29]

---

28) P. Kotler and P. N. Bloom, 1984, *Marketing Professional Services,* Englewood Cliffs, New Jersey: Prentice-Hall, Inc., p.195.

여기에서 母企業을 프랜차이저(franchisor: 본부, 본점)라고 하고 특권을 부여받는 자를 프랜차이지(franchisee: 加盟店)라고 부르며, 특권 내지 권한 자체를 프랜차이즈(franchise)라고 한다. 한편 프랜차이저는 프랜차이지와 계약을 체결하여 자기의 상호, 상표, 기타 영업의 특징 및 경영기술(know-how)과 정보를 사용하여 동일하게 보이는 이미지하에서 상품의 판매 등 기타 사업을 행할 권리를 주며, 프랜차이지는 그 보증으로 가입금, 보증금, 로열티(royalty)를 지불하고 사업에 필요한 자본을 투입해서 프랜차이저의 지도 및 원조 아래 사업을 행하는 양자 간의 단속적인 계약관계가 이루어진다.[30]

본서에서는 franchise를 프랜차이즈 또는 가맹점 운영권으로, franchisor를 프랜차이저 또는 본부로, 그리고 franchisee를 프랜차이지 또는 가맹점으로, 그리고 franchise agreement를 프랜차이즈계약 내지 가맹점계약, 프랜차이즈계약에 의하여 경영하는 不動産仲介業을 프랜차이즈 중개업으로 사용하기로 한다.

(2) 프랜차이즈의 의의

① 학자들의 정의

스턴과 엘 엔사리(Stern and El Ansary)에 의하면 프랜차이즈 시스템은 다음과 같이 정의될 수 있다.[31] "프랜차이즈 시스템은 프랜

---

29) D. E. Lundberg, 1979, *The Hotel and Restaurant Business,* 3rd ed. Boston, Massachusetts: CBI Publishing Company, Inc., p.297.
30) 오상락 · 임종원, 1999, **마케팅관리론,** 무역경영사, p.431.

차이저가 프랜차이지에게 프랜차이저의 상호, 상표, 서비스마크, 노하우(know-how) 그리고 기타의 기업운영방식을 사용하여 제품이나 서비스를 판매할 수 있도록 포괄적인 기업방식을 허가하는 것을 말한다."

또한 바운(Vaughn)은 프랜차이징을 "특정지역 내에서 일정 기간 이상 모기업이 개인이나 혹은 비교적 작은 기업에 규정된 방법대로 사업을 할 수 있는 권한이나 특권을 허가해 주는 마케팅 혹은 분배의 형태"라고 정의를 내리고 있다.[32]

셀쯔(Seltz)는 광의의 개념으로 프랜차이징은 "상표가 있는 제품이나 서비스의 독점판매업자 혹은 생산자가 독립소매업자들로부터 로열티의 지불 대가를 받고 그들에게 표준화된 영업절차와 지역분배를 할 수 있는 독점권을 주는 협정"이라고 정의하고 있다.[33]

헤위트(Hewitt)는 프랜차이즈를 "일반적으로 제한된 지역 내에서 독특한 방법으로 상품의 판매를 촉진하고 효과적인 광고를 한다는 계약과 그 반대급부로서 생산자가 상인에게 자기의 상품 혹은 서비스를 판매할 권리를 양도하는 제도"라고 정의하고 있다.[34]

---

31) W. Louis, Stern and A. I. El-Ansary, 1988, *Marketing Channels,* Englewood Cliffs, New Jersey: Prentice-Hall, Inc., pp.407-408.

32) C. L. Vaughn, 1979, *Franchising: It's Nature, Scope, Advantages and Development. Lexington,* Massachusetts Toronto: D.C Heath and Co., pp.1-2.

33) D. D. Seltz, 1982, *The Complete Handbook of franchising,* New York: Addison-Wesley Publishing Co. Inc., p.1.

34) C. M. Hewitt, 1958, The Furor over Dealer Franchises, in: *Business Horizons,* Vol.1, p.81.

스카우피(Skaupy)에 의하면 "프랜차이즈는 계약에 의하여 프랜차이저가 프랜차이지에게 일정한 경영초안과 마케팅초안에 관한 지식을 전달하여 계속적으로 적용시키고, 프랜차이지를 교육, 조언하며 상호를 사용할 수 있게 한다.[35] 반면에 프랜차이지는 노하우 및 상호의 사용과 프랜차이저의 경영기술, 조직관리 등을 고찰하여 계획의 범위 내에서 契約財貨의 판매와 마케팅을 촉진하며, 프랜차이저의 노하우 및 상호의 사용에 대한 대가를 지불할 의무를 부담한다"라고 정의하고 있다.

② 국제 프랜차이즈협회(International Franchise Association)

프랜차이즈 사업운영은 "프랜차이저와 프랜차이지 간의 계약관계인데, 프랜차이저는 프랜차이지의 사업에 대하여 자기 사업에 있어서의 노하우와 교육과 같은 분야에서 계속적으로 이익을 제공하거나 유지하는 반면에 프랜차이지는 프랜차이저가 보유하고 있거나 통제하는 공통의 상호, 양식, 절차에 따라 영업을 행하고 자기 자본으로 자기 사업에 상당한 자본을 투자한다"라고 정의하고 있다.[36]

---

35) H. Gross·Skaupy, W., 1969, Das Franchise−System, *ECON Verlag: Dusseldorf,* Wien, p.192.

36) M. Mendelsohn, 1985, *The Guide to Frachising,* 4th. ed., Pergamon Press: Oxford, New York, pp.5−6: J. Adams·Prichard J., 1987, *Franchising,* 2nd, ed., London: Butterworths & co., p.10.

③ 영국 프랜차이즈협회의 정의

프랜차이저가 프랜차이지에게 부여하는 계약상의 사용허가로서 첫째, 프랜차이저에게 속하거나 그와 관련된 특별한 명칭하에서 혹은 이를 사용하여 특정한 사업을 일정 기간 동안 행할 것을 프랜차이지에게 허가하거나 요구하고, 둘째, 프랜차이지가 프랜차이즈의 대상인 영업을 수행하는 방식에 관하여 일정 기간 동안 계속적인 통제권을 프랜차이저에게 부여하고, 셋째, 프랜차이저는 프랜차이즈 사용료, 기타 프랜차이저가 제공하는 재화나 서비스에 대한 대가를 지불할 의무를 부담하고, 넷째, 모회사와 자회사 혹은 동일한 모회사의 자회사 간 또는 개인과 그 개인의 지배를 받는 사회 간의 거래가 아닐 것이라고 정의하고 있다.[37]

④ 독일 프랜차이즈협회의 정의

프랜차이즈제도는 계약상의 계속적 채무관계를 기초로 법률상 독립기업 간에 조직된 수직적, 협동적 판매제도로서, 시장에서 통일적으로 행동하고 조직당사자의 분업적 급부프로그램 및 조직의 일치된 행동을 보장하는 지시제도와 통제제도에 의하여 특징져진다고 정의하고 있다.[38]

---

37) Ibid., p.9.
38) U. Blaurock, 1984, *Kartellrechtliche Grezen von Franchise — System,* Festschrift fur Winfried Werner zum 65. Geburtstag am 17, Walter de Gruyter: Berlin, New York, p.23.

⑤ 일본 프랜차이즈협회의 정의

"프랜차이즈라 함은 사업자(프랜차이저)가 타 사업자(프랜차이지)와 계약을 체결하여, 자기의 상호, 상표, 서비스, 기타 영업의 상징인 표식 및 경영노하우를 사용하여 동일한 이미지로 상품의 판매 및 기타 사업을 행할 권리를 부여하고, 반면에 프랜차이지는 그 반대급부로서 일정한 대가를 지급하며, 사업에 필요한 자금을 투자하여 프랜차이저의 지도 및 원조하에서 사업을 행하는 양자 간의 계속적 관계를 말한다"라고 정의하고 있다.

⑥ 이탈리아 프랜차이즈협회의 정의

프랜차이즈는 법적·재정적으로 서로 독립한 하나의 기업과 하나혹은 다수의 기업 간에 상품과 서비스의 판매를 위한 계속적 협동의 형태로서 다음과 같은 계약을 체결한다. 즉, 프랜차이저는 프랜차이지에게 자기와 동일한 이미지로 영업을 운영하는 것을 허용한다는 서비스와 원조의 형태, 그리고 자기의 노하우(필요한 모든 지식과 기술)와 특유의 상징을 이용할 권리를 포함하는 상업상의 방법에 대한 이용을 허가하고, 프랜차이지는 완전히 합의된 계약조건을 존중할 뿐만 아니라 당사자와 최종소비자의 이익을 위하여 프랜차이저에 대한 상업상의 정책과 이미지를 채택할 의무를 부담한다.39)

---

39) R. Baldi, 1987, Distributorship · Franchising · Agency — Community and National Laws and Practice in *EEC Deventer,* The Netherland:

(3) 프랜차이즈 시스템의 발전

① 프랜차이즈 시스템의 발전단계

프랜차이즈 시스템은 역사적으로 원시단계, 발아단계, 수용과 붐 단계, 축소단계, 신성장단계 등의 5단계로 나뉠 수 있을 것이다.[40]

첫째, 원시단계(1865~1919)이다. 이 단계의 프랜차이즈 시스템은 독일과 영국의 맥주양조자가 맥주와 에일(ale)의 다양한 상표의 독점판매를 위해 터번(tavern) 소유주와 기술계약 및 금융협정을 맺음으로써 시작되었다. 그리고 미국의 프랜차이즈 시스템은 남북전쟁 종료 직후 1863년 무렵 싱거 재봉틀회사(Singer Sewing Machine Co.)가 전국에 자사제품에 대한 판매권을 가지는 제조업자-소매업자 시스템을 개발하여 설치함으로써 비롯되었다.[41] 이러한 프랜차이즈 시스템이 기업경영에 본격적으로 도입되어 유통산업에 중대한 영향을 미치기 시작한 것은 1900년경부터이다. 이때 대기업이 되기 시작한 자동차 메이커, 제조업자, 양조업자, 석유정제업자가 프랜차이즈 시스템에 의한 판매망을 만들어서 전파시켰다. 그러나 이들은 판매방법의 통일, 전매라는 점에서는 현재의 프랜차이즈 시스템과 같지만 체인조직의 관리방법에 있어서는 반드시 현재의 전형적인

Kluwer Law and Taxation Publishers, p.96.
40) D. W. Hackett, 1977, Franchising, *The State of the Art,* Chicago, Illinois American Marketing Association Monograph Series, pp.5-10.
41) C. L. Vaughn, op. cit., p.19.

프랜차이즈 시스템의 내용과 동일하다고 말할 수 없다.[42] 즉, 이 시기는 일정지역에 특정한 상표의 독점적 판매권을 부여하는 일종의 판매계열화 제도이다. 그러나 비록 이 시기는 프랜차이즈 시스템이 널리 호평을 받지 못했지만, 20세기에 앞서 프랜차이즈 시스템이 유통의 시초라는 점에서 주목을 끌고 있다.

둘째 발아단계(1920~1949)이다. 이 시기는 산업혁명으로 인한 기술의 진보와 교통, 커뮤니케이션 방법의 발달로 대량생산 사회의 단계를 촉진하였다. 그래서 제조업자와 생산자는 지방시장에서 제품의 유통이 그들의 성공에 중요한 요소가 될 것이라는 것을 인식하였다. 특히 음료수와 자동차 생산자의 프랜차이즈 방식의 초기 채택에 주목할 만한 것이다. 이 시기는 프랜차이즈 시스템이 많은 사업 분야에 파급되어 갔는데 음료수와 패스트푸드 산업이 프랜차이즈 시스템을 채용해서 거대한 산업으로 성장하였고, 자동차부문, 잡화와 하드웨어 산업에 의해서 프랜차이즈 개념이 채택됨으로써 프랜차이즈 시스템이라는 말이 일반적으로 널리 보급되기 시작하였다.

셋째, 수용과 붐 단계(1950~1964)이다. 제2차 세계대전 후 다른 사업의 기업 확대에 프랜차이즈 시스템의 원리를 기초로 하여 도입하였고 그 인기는 엄청난 증가를 보였다. 이 시기는 보통 프랜차이즈 시스템에 '붐 시기(boom period)'라는 명칭을 붙였었다.[43] 서비스 분

---

42) 김동기, 1982, 현대유통기구론, 박영사, p.105.

43) H. N. Broom and Longenecker J. G., 1979, *Small Business Management,* 5th ed. Cincinnati, Ohio South-Western Publishing Co., p.89.

야와 소매점의 프랜차이즈 채택에 영향을 미쳐 회계와 서비스산업, 자동차 임대, 패스트푸드, 레스토랑 등을 포함하는 광범위한 프랜차이즈 시스템 운용에 새로운 전기가 마련되었다. 1960년대에 있어서 프랜차이즈 시스템은 폭발적인 성장과 기업 확대의 원인이 되었다.

넷째, 축소단계(1965~1970)이다. 1960년대 후반 프랜차이즈 시스템의 인기는 남용과 비합법적인 활동에 의하여 어느 정도 상처를 입게 되었다. 이러한 남용은 결국 법정의 결정과 규칙으로 결론지어졌고, 프랜차이즈산업이 축소의 시기로 접어들게 되었다. 매력적인 화두가 되었던 주식시장의 강세는 붕괴되기 시작하였고 그 결과로 유통전략으로의 프랜차이즈 시스템은 축소와 재평가의 시기를 경험하게 되었다.

다섯째, 신성장기단계(1970~)이다. 어려운 시기 후에 프랜차이즈 시스템의 소생은 그 탄력성을 설명하고 있는데 새로운 산업에 의한 프랜차이즈 시스템의 채용은 국제적인 기업 확대를 일으키게 하였다. 그리고 광범위한 소매점과 서비스 산업의 프랜차이즈 시스템에 의한 기업 확대는 점차적으로 재화와 서비스를 위한 마케팅 시스템을 크게 변화시키게 되었다.

오늘날 시장상황의 변화에 따라 미국의 프랜차이징 발전은 제품 및 상품 프랜차이징의 대표적인 업종인 주유소와 자동차메이커 프랜차이징이 위축되고 있다. 그러나 사업형 프랜차이징은 1972년 이후 꾸준히 증가하였다.

프랜차이즈 시스템의 분류형태는 목적에 따라 다양한 분류가 가능하다. 실제로 미 상무성이 발간하는 'Franchising in the Economy'

에서는 18개 업종별 분류와 운영주체에 따라 본부직영점(company owned), 가맹점(franchisee owned)으로 분류하고 있다. 여기에서 프랜차이징이 발전함에 따라 유통경로상의 운영주체에 따른 4가지 기본형태와 프랜차이즈계약의 종류에 따른 10가지 형태로 분류된다.[44)]

2) 프랜차이즈 시스템의 유형

(1) 운영주체별 유형

① 유형 I : 제조업자 – 도매업자 시스템

제조업자–도매업자 시스템은 시장이 너무 분산되어 있거나 소량의 제품을 취급하여 규모의 경제성을 확보할 수 없는 경우 제조업자가 자신을 대신하여 유통기능을 수행할 도매상과 프랜차이즈를 계약하여 운영할 수 있는 전방통합의 방법이다. 대표적인 예로는 코카콜라, 펩시콜라, 세븐 업 등의 음료제조업자가 도매상에게 음료수 원액을 제공하면 도매업자는 이를 채택하여 소매업자에게 판매한다. 이 시스템은 1891년의 프랜차이징 초기부터 운영되어 왔으며 현재 청량음료 매출액의 90% 정도가 이 시스템에 의해 이루어지고 있다.[45)]

---

44) C. M. Larson and Others, 1982, *Basic Marketing,* New Jersey: Prentice – Hall, Inc., pp.53 – 59., D. N. Thompson, 1971, *Franchise Operation and Antitrust,* Toronto: Heath Lexington Books, p.9., P. Kotler, 1984, *Marketing Management,* New Jersey: Prentice – Hall, Inc., pp.584 – 599.

② 유형 II : 제조업자-소매업자 시스템

제조업자-소매업자 시스템은 오랫동안 지배적인 프랜차이즈 시스템으로서 교통이 편리한 경우에 제조업자가 일정한 지역에 판매망을 확보하고 소매상들이 영업방법, 상호, 상표 등에 관한 프랜차이즈를 개발하여 가맹점인 소매점에 제품과 서비스를 유통시킬 특권을 부여하여 계열화하는 사업형태이다.

이 유형에는 첫째, 소매점 자체를 프랜차이지하는 것으로 Fords, Chrysler, General Motors 등이 대표적이며, 페인트와 주유산업의 90% 이상이 이 형태의 프랜차이즈 취급점에서 팔리고 있다.

둘째, 소매점 내 하나의 판매부문을 프랜차이즈하는 것으로 보다 전문화된 프랜차이즈 업체로서 일부 백화점과 전문점에서 비내구재와 주류업체에 의해 이용된다.

셋째, 제품계열을 프랜차이즈하는 것으로 기계, 라디오, TV 등의 제조업체에서 주로 이용되며, 소매점은 여러 경쟁 제조업자의 제품을 판매한다.

③ 유형 III : 서비스제조업자-소매업자 시스템

서비스제조업자-소매업자 시스템(service firm sponseredretailer system)은 서비스회사가 서비스를 소비자에게 효율적으로 제공하기 위하여 소매업자에게 표준화된 상호, 상표, 서비스제조·판매방법 등을 직접 제공하는 방법이다. 여기에서는 유명상호·상표 또는 경

---

45) D. N. Thompson, op, cit., pp.9-12.

영자가 주요한 자산이 될 수 있다.

대표적인 예로는 모텔 체인으로서 Holiday Inn., Sheraton Inn. 등이 있으며, 레스토랑 체인으로서 Howard Johnson's와 Mcdonald's, KFC, Dunkin's Donuts, Burgerking 등 우리나라에 진출한 대부분의 패스트푸드 업종이 여기에 속한다. 오늘날 자동차 임대업에서도 Hertz, Avis, Budget, Rent a Car 등이 유형의 성장을 주도하고 있다.

그 외에 상표를 자산으로 하는 유형 Ⅳ와 유사한 형태로서[46]

첫째, 본부는 제품생산, 또는 서비스 업무를 수행하지는 않으나 제품개발, 상품선별 등을 하며, 품질수준과 제품명세화를 작성하여 전국적 판매촉진을 수행한다.

둘째, 본부와 가맹점은 유통기구의 같은 수준에 존재하며, 본부조직은 이 시스템 내부에 있는 구성원들로 이루어지는 시스템이다. 가맹점은 오직 상표만 사용하고 상호는 자신의 것으로 계속 운영한다. 일반적으로 상호가 포함되지 않는 상표 라이센싱은 프랜차이징 개념에서 제외되나 일상적으로 프랜차이즈로 불리는 점과 법적·규제적 측면에서 프랜차이즈 시스템으로 인식된다.[47]

④ 유형 Ⅳ : 도매업자 – 소매업자 시스템

도매업자 – 소매업자 시스템은 제조업자가 생산하는 제품의 품목수가 한정되어 있으므로 도매업자가 여러 제조업자들로부터 다양한

---

46) Ibid., pp.9 – 12.
47) Ibid., pp.104 – 105.

품목을 공급받아 프랜차이즈를 개발하고 소매상을 계열화하는 시스템이다. 즉, 도매상이 본부가 되고 소매상이 가맹점이 되어 도매상 중심의 프로그램에 의해 소매상을 모집한다. 이 형태는 규모 면에서 전국적으로 또는 일부 지역적으로 다양한 수준에서 이용된다. 제약업, 잡화상점, 자동차보수시장체인, 스포츠용구 등의 업종에서 이용되며, 대표적인 예로서, Independent Grocers Alliance(IGA)와 Butler Brothers Western Aute Supply, Super Valy Stores Inc. 등이 있다.

(2) 프랜차이즈계약의 종류에 따른 유형[48]

① 지역 프랜차이즈

다수의 국가나 주를 장악할 수 있는 프랜차이즈로서 지역 프랜차이즈 보유자는 그 지역 내의 개별 가맹점에 대한 교육과 영업개시에 대한 책임을 지며 지역 내 전체 매출액에 대한 처분권한을 가진다.

② 운영 프랜차이즈

개별 독립가맹점이 자신의 프랜차이즈를 사용하여 영업을 하는 경우로, 모기업 또는 지역 프랜차이즈 본부와 직접 거래한다.

---

48) G. Pinted and Diamond J., 1971, *Retailing.* Englewood Cliffs, New Jersey: prentice－Hall, pp.23－26.

③ 이동 프랜차이즈

이동차를 이용하여 상품을 판매하는 프랜차이즈로서 가맹점이 소유하거나 본부로부터 임대를 받을 수 있다.

④ 재유통도매협약

가맹점이 다양한 품목의 제품을 획득하여 하위 가맹점에 분배하는 것으로 분배자는 넓은 지역을 담당하여 하위 가맹점을 위한 공급처로서 활동한다.

⑤ 공동소유 프랜차이즈

본부와 가맹점이 함께 투자하여 운영하며 발생하는 수익을 서로 나눈다. 예로는 Aunt Jeminma's Pancake House와 Denny's Restaurants가 있다.

⑥ 공동경영 프랜차이즈

본부가 투자의 대부분을 통제하며 공동경영자 당사자 간에 이익을 미리 산정된 비율로 배분한다. 예로서, 모텔 분야의 Travelodge Holiday Inn이 있다.

⑦ 임대

본부가 토지, 건물, 장비 등을 가맹점에 임대한다. 임대 프랜차이즈는 일반적인 프랜차이즈계약의 기타 조항과 혼합되어 사용된다.

⑧ 라이센싱

본부가 가맹점에 자신의 상표 및 경영기법을 사용 허가하는 것으로 자사의 제품이나 허가한 제품을 공급하는 방법이며, 동시에 공급자 명단도 가맹점에 제공된다.

⑨ 제조권 프랜차이즈

본부는 자사의 특수재료와 제조기술을 사용하여 제품을 생산할 수 있는 프랜차이즈를 제공한다. 가맹점은 본부의 기술을 활용하여 제품을 유통한다. 이 방법은 전국 규모의 제조업자가 본부 제조공장으로부터 유통비용이 매우 높을 때 지방을 효율적으로 지배할 수 있게 된다.

⑩ 서비스 프랜차이즈

고용 대리점과 같은 가맹점이 전문직 서비스를 제공할 수 있도록 본부가 특정 서비스 패턴을 미리 정한다.

이와 같이 프랜차이즈계약의 내용에 따라 운영시스템, 혜택, 대가 등이 매우 달리 나타나는데, 프랜차이즈 협약을 할 때에 이를 고려하여야 한다.

다시 말해 전형적인 프랜차이즈계약에서 직면할 수 있는 수수료 지불문제, 독립성 유지, 노하우 제공 등의 문제에 대하여 관심을 가져야 한다. 특히, 기업 외부에서 높은 가격으로 구입하는 노하우가 기업운영에 절대적으로 필요한 것인지에 대해 주의 깊은 판단이 필요하며, 잠정적인 시장의 중요성도 고찰해야 한다.

4. 프랜차이즈계약

2인 이상의 당사자가 관여하여 서면계약을 체결하는 것을 franchise agreement(이하 프랜차이즈계약이라 한다)라 한다. 즉 프랜차이즈를 제공하는 당사자와 이를 인수하는 당사자가 그것이다.

이러한 프랜차이즈계약은 새로운 유형의 상행위로 인하여 발생하였기 때문에 일반계약과 다른 여러 가지 특징, 계약의 종류, 법적 성질, 계약의 종류, 법적 성질, 계약의 요소, 계약의 주요내용 등에 대하여 살펴보자.

1) 프랜차이즈계약의 특징과 종류

(1) 프랜차이즈계약의 특징

프랜차이즈 시스템은 새로운 유형의 상행위로서 다음과 같은 몇 가지 특징적 요소를 가지고 있기 때문에 기존의 유통방법과는 달리

경제적으로 독특한 기능을 수행하고 있다.

첫째, 계약관계의 계속성이다. 즉 독립 당사자인 가맹본부와 가맹점주 간에는 상품과 서비스급부의 판매에 관하여 계약상 약정된 계속적 채무관계가 존재한다.

둘째, 계약내용의 통일성이다. 즉 가맹본부는 상표사용 허가계약과 노하우 계약에 있어서 자기의 보호권 예컨대 상호, 상징, 상표, 서비스표, 실용신안과 특허에 관한 이용권과 영업비밀 및 일반적인 경영상의 원조와 계속적 보호의 형태로 프랜차이즈 목적물을 보호하는 노하우를 다수의 가맹점주에게 제공하고 이에 대한 반대급부로서 가맹점주는 일정한 사용료를 지급한다는 계약내용 등이 통일되어 있다.

셋째, 가맹점주는 판매의무를 부담하고 상품과 급부를 가맹본부에 의하여 제시된 방침에 따라 자기의 경험을 제공한다.

넷째, 당사자 간의 독립성을 가진 정형적 계약이며 이익공동체이다.

이러한 특성 때문에 프랜차이즈 시스템은 민주주의적 원리인 창의와 자발성을 존중하고 소규모 자본가를 보호하며 사회적으로 사장되기 쉬운 노동력을 활용케 함으로써 고용창출의 기능과 아울러 일반 소비대중에게는 믿을 수 있는 상품이나 서비스를 제공하는 복합적 기능을 수행한다고 할 수 있다. 또한 프랜차이즈 사업방식은 동일자본하의 체인과 유사한 효과를 가지고, 동일한 이미지 및 동일자본의 기업체와 같은 수준의 경영효율을 가져올 수 있고 소자본과 단기간 내의 시장의 개척이 가능하고 확실한 수익을 기대할 수 있다.49) 이러한 경제적 특성으로 인하여 프랜차이즈사업은 급속하게 발전하고 있음과 아울러 그에 부수하여 남용과 부작용의 소지도 아울러 가지고 있다.

(2) 프랜차이즈계약의 종류

프랜차이즈계약은 여러 가지 기준에 의하여 분류할 수 있다.

① 발생시점에 의한 분류

프랜차이즈가 발전하여 온 연혁에 비추어 발생시점을 기준으로 하여 제1세대 프랜차이징과 제2세대 프랜차이징으로 분류할 수 있다. 제1세대 프랜차이징은 제조자프랜차이즈 또는 상품프랜차이즈라고도 하며 기본적으로 상품의 분배 내지 유통에 관한 협정이다. 그 대표적인 예가 연쇄주점과 자동차판매특약점이다. 연쇄주점에 있어서는 자기 자신이 주점을 소유하고 있지만 특정한 양조회사의 주류만을 공급받아 판매하기로 약정하고, 이에 대하여 양조회사는 그에게 자금을 융자하거나 양조회사의 상호가 쓰인 식탁·의자 등의 시설을 공급하는 등의 원조를 제공한다. 또 자동차판매특약점의 경우에는 독자적으로 영업을 하지만 특정한 자동차회사의 제품만을 판매하기로 약정하고, 이에 대하여 자동차회사는 그에게 사업개시에 있어서 원조를 제공하거나 특정한 지역에 있어서의 독점적 판매권

---

49) 김중효, 1995, **신지적재산권: 프랜차이즈에 관한 종합연구,** 한국발명진흥회 Vol.229, p.41.

을 보장하여 준다.

제2세대 프랜차이징은 통상적으로 사업(경영)형 프랜차이즈라 불린다. 사업형 프랜차이즈는 제1세대 프랜차이즈보다 당사자 간의 관계가 훨씬 긴밀하고 대상이 될 수 있는 대상의 범위도 매우 넓다. 이 경우에는 가맹본부는 가맹점주에게 자기의 상호로 영업할 기회를 제공할 뿐만 아니라, 자기가 개발한 판매전략·노하우, 가맹점주의 훈련, 사업의 관리에 관한 원조를 제공한다. 1세대 프랜차이즈에서보다 2세대 프랜차이즈에서는 양자 사이에 계속적인 지원관계가 존재하게 된다.[50)

② 대상에 의한 분류

프랜차이즈의 대상이 무엇인가에 따라 상품프랜차이즈와 용역프랜차이즈로 나뉜다. 전자는 상품의 판매에 관한 것이고, 후자는 용역의 제공에 관한 것이다. 상품프랜차이즈는 다시 상품제조프랜차이즈와 상품판매프랜차이즈로 나뉜다. 판매프랜차이즈는 다시 도매프랜차이즈와 소매프랜차이즈로 나눌 수 있다. 전자는 생산자 사이의 프랜차이즈이고, 후자는 도매상 사이의 프랜차이즈이다. 용역프랜차이즈의 예로는 Hiton Hotel 등의 호텔체인을 들 수 있다. 그런데 상품프랜차이즈와 용역프랜차이즈의 한계가 뚜렷한 것도 아니고 두 가지의 성격을 모두 가지고 있는 것도 있다. 예를 들면 Mcdonald

---

50) 정동윤, 1991, **"새로운 유형의 상행위 —프랜차이징에 관하여—"**, 기업의 행방, 박영사, p.278.

햄버거, Kentucky Fried Chicken 등 즉석식품의 프랜차이즈는 점포 내에서 음식을 먹는 경우에는 서비스이 면이 강하고, 이를 점포 외로 가지고 나가는 경우에는 상품판매의 면이 강하다.[51]

③ 가맹본부의 권한범위에 의한 분류

프랜차이즈는 가맹본부의 권한범위에 따라 단일지역 프랜차이즈와 복수지역 프랜차이즈로 나눌 수 있고 후자는 다시 지역개발 프랜차이즈와 지역분할 프랜차이즈로 분류할 수 있다.[52]

단일지역 프랜차이즈란 일정기간·일정지역 내에서 어떤 개인 또는 집단에게 하나의 점포에만 가맹점 영업을 하도록 하는 가장 보편적이고 전형적인 형태의 프랜차이즈를 말한다. 이 경우 대개의 경우 독점적 영업권을 가진다.

복수지역 프랜차이즈는 지역개발 프랜차이즈와 지역분할 프랜차이즈로 나눌 수 있다.

지역개발 프랜차이즈란 일정기간·일정지역 내에서 어떤 개인 또는 집단에게 수 개의 점포에 대하여 가맹점영업을 하도록 하는 형태를 말한다. 가맹점주는 본부와 지역개발계약을 체결하고 개발수수료를 지급한 후 일정지역에 대한 개발권을 매수한다. 이 경우 만일 가맹점주가 약정대로 해당 지역을 개발하지 못하면 본부는 계약을 취소하고 가맹점주의 권리를 박탈할 수 있다.

---

51) 정동윤, 상계서, p.284.
52) 김은성, 1992, **프랜차이즈,** 을지서적, pp.25-26.

지역분할 프랜차이즈란 일정기간·일정지역 내에서 어떤 개인 또는 집단에게 가맹본부로서의 권리를 부여하고, 이러한 권리를 부여받은 분할지역 가맹본부가 다시 최종 가맹점주에게 하나 또는 수 개의 점포에 대하여 가맹점영업을 하도록 하는 형태를 말한다. 이 경우에는 물론 분할지역 가맹본부 자신이 가맹점주가 될 수도 있다.[53]

(3) 프랜차이즈계약의 법적 성질

프랜차이즈계약은 기존의 전형계약과 달리 여러 면에서 차이가 있는 신종계약이고 그 개념정의에 관해서도 논란이 있는 만큼 법적 성질에 관해서도 여러 견해의 대립이 있다.

① 特約店關係類似說

프랜차이즈계약의 법적 성질을 구체적 내용에 따라 구분하지 않고 특정 제조자의 상품을 일정지역에서 자기의 명의와 계산으로 판매하는 판매상관계유사설이다.[54]

이 견해는 프랜차이즈계약의 대상이 상품의 공급뿐만 아니라 서비스의 공급도 다루고 있다는 점을 간과하고 있으며, 또한 상품의 공급만을 논할 경우에도 단순한 상품의 공급뿐만 아니라 널리 노하우 등 영업비밀의 전수와 일정한 통제·지시가 동시에 수반되는 복

53) 정동윤, 전게서, p.33.
54) 이기수, 1999, **상법총칙,** 박영사, p.640.

합계약이라는 측면을 간과하고 있다.

② 商品賣買 또는 權利用益賃貸借說

프랜차이즈계약을 내용에 따라 둘로 구분하여, 상품공급프랜차이즈는 상품의 매매이고 사업형 프랜차이즈는 勞務給付賣買로서 일종의 권리이익임대차라는 설이다.[55]

이 견해는 프랜차이즈의 대상에 상품과 서비스를 포함한다는 점에서 특약점관계유사설보다 나은 학설이지만 이원적 분석을 함으로써 양자의 성질을 동시에 보유하는 프랜차이즈계약을 설명할 수 없는 난점이 있다.

③ 新種契約說(混合契約說)

프랜차이즈계약은 상호, 상표 등의 영업표식에 대한 사용권의 설정과 함께 영업상의 통제와 조력을 내용으로 하는 비전형의 有償, 雙務, 複合契約이라는 견해이다.[56]

(4) 프랜차이즈계약의 요소

프랜차이즈 시스템은 여러 분야에서 이용되고 있는데 그 계약의

---

55) 이기수, 상게서, p.639.
56) 최영홍, 1990, **가맹점계약의 법률문제에 관한 연구**, 고려대학교 박사학위논문, p.44.

내용은 영업 분야에 따라 다르며 일정한 표준이 없다. 그러나 명시적이건 묵시적이건 프랜차이즈계약이 체결된 경우에 거의 모든 프랜차이즈계약에서는 다음과 같은 사항이 결정서에 포함된다.

이러한 요소들에 대하여 상세히 살펴보고 프랜차이즈계약의 법률관계에 관한 이해의 기초를 확립하고자 한다.

① 영업표식의 사용권 부여

프랜차이즈계약이 성립하기 위해서는 가맹점주의 영업이 가맹본부의 영업표식과 실질적인 관련성이 있어야 한다. 이러한 실질적 관련성은 통상 가맹본부가 자신의 영업표식에 대한 사용권을 부여함으로써 나타난다.[57] 이러한 사용권의 부여란 특허권, 상표권, 상호권 기타의 無體財産權을 권리 그 자체의 전부양도에 이르지 않을 정도로 이전하는 것을 말하며, 가맹점주는 이에 의하여 영업표식의 사용권을 가지고 있어야 한다.

대표적인 영업표식의 예로는 상호, 상표, 서비스표, 로고 등이 있다. 그러나 프랜차이즈계약에서 말하는 영업표식은 이러한 것들에 한하지 않고 간판이나 선전탑, 광고 등과 의장, 디자인, 조명 등 널리 가맹본부와 동일성을 표시하는 모든 표현물을 표현방법에 포함한다. 또한 가맹본부와 가맹점주가 공통의 영업표식 아래서 영업활동을 함으로써 일반소비자에게 동일한 기업인 듯한 외관을 나타내야 한다. 프랜차이즈계약에서 가맹점주의 영업은 가맹본부의 영업표

---

57) 최영홍, 상게논문, p.35.

식이 일반소비자에게 전달되어야만 한다는 실질적 관련성을 뜻한다.[58] 즉 가맹점주의 영업이 가맹본부의 영업표식과 실질적 관련성이 있다고 하기 위해서는 재화나 용역의 공급자가 단순히 영업표식을 자신의 송장이나 배급상에 대한 광고에서만 사용하고 그 배급상이 소비자와 거래에 사용함을 금하는 경우에는 실질적인 관련성이 없다고 할 것이다.

② 프랜차이즈 본부의 통제와 조력

가맹본부의 통제와 조력이란 가맹점주의 영업에 관하여 계속적인 지도와 조력을 하고 가맹본부의 영업표식과 경영상의 노하우, 영업비밀 등의 보호를 위하여 하는 통제를 말한다. 그리고 가맹본부가 가맹점주에 대한 통제는 가맹본부가 지시하는 마케팅전략에 따라 영업을 하여야 한다는 것을 뜻하나, 통일된 경영노하우의 부여라는 견해도 있다. 그러나 가맹본부의 조력과 통제를 구분하는 것은 양자의 경계가 불분명하므로 불가능하다. 또한 가맹본부는 조력을 통해서 가맹점주를 통제하는 측면도 있다.

지시와 통제는 가맹점주의 영업의 주된 부분에 관련된 것이어야 하며, 부수적 서비스나 다른 상품의 판매제한에 관한 조항 등은 그 자체만으로 지시·통제라고 할 수 없다. 통제의 정도는 단순한 암시나 제의만 가지고 통제라고 한다면 프랜차이즈계약의 성립범위가

---

58) 강희갑·김숙자, 1991, **"프랜차이즈계약의 법적규제에 관한 연구"**, 사회과학 논총 제6집, 명지대학교 사회과학연구소, p.8.

지나치게 넓게 되고, 강압적인 요구에 한정한다면 가맹점주의 독립성이라는 또 다른 요건을 저해하기 때문이다.

③ 프랜차이즈 가맹점주의 독립적 상인성

본부와 가맹점주는 모두 독립된 법인격을 가진 상인이어야 한다. 가맹점주가 독립적 상인이라는 것은 그 영업의 결과가 직접 자기에게 귀속된다는 것을 의미한다. 이러한 점에서 프랜차이즈 시스템은 연쇄점제도나 직매점제도와 구별된다.[59]

그러나 실제에 있어서 가맹점주의 독립성은 하나의 사업에 다수 당사자가 관련되는 경우에 그러하듯이, 정도의 차이는 있지만 일방이 타방으로부터 의사결정의 자유를 유보 내지 제한당하고 있는가, 그리고 그 법률관계의 효력이 직접 법률행위를 한 당사자에게 귀속되는가의 여부에 따라 좌우된다고 할 것이다. 이런 경우에 구체적인 문제에서 독립된 상인성의 여부는 해석상의 문제로 남을 수 있지만 그러한 통제가 실질적인가의 여부에 따라 결론은 달라진다고 할 것이다. 그리고 이 경우에 실질적이라는 의미는 대체로 법의 일반원칙과 거래계약의 관행에 따라 결정되어야 할 것이지만, 구체적으로 말한다면 모든 계약조항을 종합적으로 검토하여 이것이 의사결정의 자유에 어느 정도 영향을 미쳤는가를 고려한 후 구체적인 사안에 따라 결정하여야 할 것이다.

---

59) 강희갑 · 김숙자, 상게서, p.32.

④ 프랜차이즈료의 지급

프랜차이즈계약은 유상계약이기 때문에 가맹점주는 가맹본부에게 반드시 프랜차이즈료를 지급해야 한다. 프랜차이즈료란 프랜차이즈계약에서 정한 사업에 가입한 권리를 취득하기 위하여 가맹점주가 지급거나 지급하기로 약정하는 요금 내지 부담금을 말한다. 따라서 이러한 요금 내지 부담금인 경우에는 그 명칭이나 형태는 불문한다.

프랜차이즈료의 지급형태에는 제한이 없다. 일시금이든 할부금이든 무방하다. 또한 할부금의 크기는 총 매출액이나 순이익에 대한 로열티의 형태로 정할 수도 있고 가맹점주가 수주 또는 판매하는 단위를 기준으로 정할 수도 있다. 또한 프랜차이즈료는 가맹본부가 가맹점주에게 공급하는 재화나 용역의 가격에 포함시켜 부과할 수도 있고 시설이나 장비의 임대료에 포함시켜 부과할 수도 있다. 그러나 가맹본부가 물품을 적정한 도매가격으로 판매할 경우에는 그 가격 속에 프랜차이즈료가 포함되었다고 할 수는 없다. 물론 이러한 예외는 가맹점주가 판매할 대상이 물품인 경우에만 적용되고 부동산이나 서비스의 수수료를 지급하는 것은 적용되지 않는다. 또한 진열장이나 도구, 장비와 같은 것들 예컨대 음식점 사업의 경우 식탁보, 냅킨, 식탁용 접시, 기타 서비스용품 등과 같이 프랜차이즈사업의 운영에 쓰이는 비품이나 장비 등의 품목에도 적용되지 않는다.

일반적으로 프랜차이즈료로 인정되는 것으로는 ㉮이행보증금 · 예치금 · 공탁금, ㉯가입비 내지 개설비, ㉰광고비, ㉱훈련비 및 강습비, ㉲로열티 내지 총 매출액에 대한 백분율, ㉳임대료, ㉴서비스비용, ㉑상환하지 않은 부가비, ㉒판매용구, 팸플릿, 프로그램비용 등을 들 수 있다. 그러나 가맹본부가 이와 같이 여러 명목으로 이익을 올리는 경우에는 가맹점주의 부담이 정확히 얼마나 되는지를 사전에 정확히 예측하기 어려워서 사업 착수 시에 착오를 일으키기 쉽다는 문제점이 있다.

2) 프랜차이즈계약의 구성요소

먼저 프랜차이즈계약의 법률관계를 살피기 위해서는 가맹본부와 가맹점주 사이에 체결되는 계약을 하나하나 검토하는 것이 원칙이겠지만 그 많은 계약을 모두 살펴본다는 것은 물리적으로도 불가능할 뿐만 아니라 별다른 실익도 존재하지 않는다. 다행히 프랜차이즈계약은 업종의 다소간의 차이에도 불구하고 어느 정도 표준화되어 있어서 프랜차이즈계약의 특징적 내용을 이루는 관련 사항을 중점적으로 검토하여 가맹본부와 가맹점주의 관계를 파악할 수 있다. 여기서 종래의 프랜차이즈계약서상에 종종 나타나는 계약내용 중 중요한 의미를 가지는 것들을 상세히 살펴보고 이에 대한 국내외 규제에 대하여 살펴보고자 한다.

(1) 계약의 전문

통상 표준적인 프랜차이즈계약서에는 전문 또는 註解事項이라는 이름으로 선언적 규정을 두고 있는데, 양 당사자는 이를 통하여 가맹본부의 공로와 업적을 인정하고 상호간의 신뢰를 구축하여 계약목적을 달성하기 위하여 그러한 신뢰관계가 계속적으로 유지되어야한다는 내용을 포괄적으로 밝히고 있다.[60]

① 계약전문의 내용

대체로 프랜차이즈계약서의 전문에 나타나는 사항들로서는, 가맹본부가 프랜차이즈 시스템을 개발하기 위하여 많은 시간과 노력 및자금을 투입한 결과 해당 프랜차이즈사업 운영에 필요한 독특한 경험과 특별한 기술 및 지식을 획득하였다는 사실, 가맹본부가 해당상품이나 서비스의 생산, 유통, 회계 기타 경영에 관하여 고유한 시스템을 개발하였고, 이러한 시스템은 가맹본부의 상호, 상표 등에의하여 동일성이 인정된다는 사실, 가맹본부가 상표와 서비스표 기타의 영업표식과 특허권, 저작권, 영업권에 대하여 전적인 권리를가진다는 사실, 가맹본부는 상품이나 서비스의 품질에 관한 고도의기준을 유지하면서 가맹본부의 상호 아래 영업을 한다는 것을 인정하는 사실, 가맹점주는 가맹본부의 상호를 사용하고 그 상업적 가치와 시스템을 이용하고자 하여 계약을 체결한다는 사실 등을 들 수있다.[61]

---

60) 강희갑・김숙자, 상게서, p.12.
61) 최영홍, 전게논문, p.58.

② 계약전문의 법적 성질

이러한 계약전문은 법적으로 어떠한 성질을 가지는가? 이 문제는 헌법의 전문이 구체적 규정을 가지지 않는 경우에 어떠한 기능을 가지는가와 유사한 기능을 한다고 볼 수 있다. 다만 프랜차이즈계약에서도 사적 자치의 원칙이 근본적으로 적용되는 분야이기 때문에 계약의 전문에서 당사자의 권리의무를 구체적으로 정하지 않은 때는 계약의 본문에 있는 조항과 동일하게 당사자를 직접적으로 구속할 수는 없다 할지라도 계약의 간접적 구속력마저 부인할 수는 없을 것이다. 왜냐하면 계약전문은 명칭 여하에 불구하고 그 계약의 기본취지나 배경 및 체결과정 등이 천명된 것으로서 계약본문에 대하여 구체적인 해석지침이 될 것이기 때문이다.62)

(2) 라이선스(License: 영업표식의 사용허가)에 관한 사항

프랜차이즈계약의 핵심적인 요소는 라이선스의 부여이다. 즉 가맹본부는 가맹점주에 대하여 자기의 상호 등의 영업표식을 사용하여 독자적으로 영업을 할 수 있는 권리를 부여한다. 이 경우 영업표식을 부여한다는 뜻은 영업표식의 소유권을 양도하거나 병존적 공유관계를 설정하는 것이 아니라 단순한 사용권을 부여하는 데 지나지 않는다.

이러한 영업표식의 사용권은 첫째 지역적인 제한이 따른다. 이것은 가맹본부가 다른 지역에서 가맹점주를 모집할 수 있는 근거를

---

62) 최영홍, 상게논문, pp.58－59.

마련함과 아울러 가맹점주에 대하여 허가지역 내에서 배타적으로 영업활동을 할 수 있도록 보장하기 위한 것이다.

둘째로 영업표식의 사용권은 시간적 제한을 받는데, 사용권의 존속기간은 대체로 프랜차이즈계약기간과 동일하게 정해지고 프랜차이즈사업의 종류에 따라 차이가 있으나 외국의 경우 대체로 5년, 10년, 20년, 30년 등으로 약정하는 수가 많다. 이러한 존속기간이 만료된 후에는 당사자 간의 합의에 의하여 기간의 갱신이 가능하다. 문제는 가맹본부가 가맹점주의 갱신요구에 대하여 합리적인 이유 없이 거절하는 경우이다. 대체로 가맹점주는 자신의 특별한 귀책사유가 없는 한 사업을 계속할 수 있다는 기대하에 가맹점 운영권을 취득하기 위하여 많은 재산과 노력을 투입하기 때문에 갱신의 거절은 가맹점주에게 커다란 위협이 아닐 수 없다. 따라서 신의성실의 원칙에 비추어 가맹본부는 가맹점에 계약의 갱신을 현저하게 곤란하게 하는 귀책사유나 사정변경이 없는 한 즉 정당한 사유가 없는 한 계약의 갱신을 거절하지 못한다고 하는 것이 타당하다. 여기의 정당한 사유로는 가맹점이 영업에 필요한 투자나 점포를 더 이상 확보하지 못하는 경우, 가맹점의 현저한 과실로 가맹본부의 영업표지가 갖는 평판을 떨어뜨린 경우, 가맹점이 특별한 사유가 없이 가맹본부의 지도·통제에 따르지 않는 경우 등이 인정될 수 있을 것이다.

그러나 존속기간이 만료된 경우에는 가맹본부와 동일성이 인정되거나 그를 연상하게 하는 일체의 영업표식의 사용도 금지되며, 그러한 영업표식이 새겨지거나 표시된 일체의 간판이나 표시물의 사용도 금지되고 점포의 외관이나 설비, 문구류 등에 사용되던 영업표식도 모두 제거하여야 한다.

셋째로 영업표식의 사용권은 방법상의 제한을 받는다. 가맹본부와 가맹점주는 동일한 영업표식을 사용하므로 이들이 하나의 동일한 기업자로 오인되어 가맹본부는 가맹점주의 영업에 대하여 법적으로 책임을 부담하게 될 위험이 있다. 이러한 위험을 벗어나기 위하여 가맹본부는 가맹점주로 하여금 자신에게 법적 책임이 귀속될 수 있는 일체의 표현(예컨대 가맹본부의 지점 또는 대리인)을 사용하지 못하게 하고 있다.

그러나 국내의 실제 거래계약에서는 관행상 가맹점에 대하여 대리점이라는 칭호를 붙이고 실제로 대리점이라는 표시를 사용하고 있는데 이는 인식의 부족에서 나온 결과로 생각한다. 이러한 관행 때문에 가맹본부는 가맹점주의 행위에 대하여 제3자에게 법적인 책임을 부담할 위험성이 더욱 커질 수도 있다.[63]

(3) 프랜차이즈 가맹본부의 의무

① 서비스 제공의무

가맹본부는 프랜차이즈 상사계약관계에서 가맹점주에 대한 영업상 후원 내지 안내자 지위에 있기 때문에 가맹점주가 독립된 상인으로서 자신의 점포를 독자적으로 운영할 수 있도록 각종의 서비스를 제공할 의무가 있다.[64] 예컨대 연수교육의 실시와 자신의 영업

---

63) 최영홍, 상계논문, pp.59 – 61.

시스템에 관한 운영교범의 제공이 그것이다. 이러한 연수교육의 실시는 가맹본부가 개발한 영업시스템을 교육하고 아울러 상인으로서 기본자세나 요령 등을 가르치는 것을 의미한다. 대체로 실내에서의 이론교육과 점포에서의 실습교육으로 나누어 실시하며 그 비용은 가맹점주가 부담한다. 이러한 연수교육과정은 가맹본부가 설치하여야 할 의무적 과정이면서 동시에 가맹점주가 될 자에게는 이를 이수하여 적격판정을 받아야 하는 부담이 되는 과정이다.

② 가맹점주의 개업과 영업에 관한 지원의무

가맹점주는 대개 영업에 관하여 경험이 없는 문외한인 경우가 많고 개업에 필요한 각종 준비사항을 알지 못하므로 가맹본부는 가맹점의 외관, 점포시설 등에 대하여 계획을 수립하고 표준양식을 제시하여야 한다. 또한 가맹본부는 가맹점주의 개업 후에도 시장의 개발, 판촉, 기술에 관한 자료를 제공하고 전국적 또는 지역적으로 광고나 선전활동을 하며 영업상의 문제나 판촉의무에 관하여 상담하는 등 계속적으로 가맹점주를 지원하여야 한다.

③ 원료, 상품의 공급의무

이것은 프랜차이즈계약에서 가맹본부의 의무로 규정된 경우에 해당되는 것이지만 대체로 프랜차이즈계약에 있어서 가맹본부는 이를 통하여 프랜차이즈 시스템 전체의 대량구매력의 이점을 살릴 수 있

---

64) 강희갑·김숙자, 전게서, p.13.

다. 그리고 이러한 이점은 결국 구입비의 절감을 통하여 각 가맹점주에게 그 혜택이 돌아가게 된다. 이러한 가맹본부의 공급의무는 다른 면에서 보면 가맹점주의 권리이기도 하다. 왜냐하면 가맹본부가 제공 추천하는 상품, 원료만을 가맹점주가 취급해야만 프랜차이즈 시스템의 명성을 저해할 염려가 있는 불량품의 판매를 배제할 수 있기 때문이다. 계약서상에 거래처의 고정이나 취급상품의 제한을 규정한 경우가 많으나 이는 다른 면에서 프랜차이즈계약의 기본취지를 벗어나 경쟁에 제한을 초래할 수 있기 때문에 공정거래법상의 구속의무부거래나 우월적 지위의 남용으로서 규제대상이 되는 수도 있다.

이 밖에도 가맹본부는 가맹점주에 대하여 개점 이후 필요시마다 시장개발이나 판촉 또는 기술에 관한 자료를 유·무상으로 제공하여야 하고 전국적 또는 지역적으로 광고나 선전활동을 하여야 하며, 가맹점주의 판매, 마케팅 및 재정에 관한 자료를 분석하고 판촉업무나 영업상의 문제 등에 관하여 상담을 하는 등 계속적으로 가맹점주를 지원하여야 하고, 영업현장에서 교육을 통하여 가맹점주의 영업상 미흡한 점이나 잘못된 점을 시정·지도하여야 한다.

(1) 프랜차이즈 가맹점주의 의무

① 운영교범의 준수의무

가맹점주는 가맹본부 측에서 제시한 운영교범을 준수하여야 한다. 이러한 운영교범을 통하여 프랜차이즈 시스템에 가입한 가맹점(가맹점주)들이 전국적으로 단일한 기업의 외관 통일성을 유지하며 양질의 상품이나 서비스의 품질을 유지하게 된다. 구체적인 운영교범의 내용은 각 프랜차이즈계약에 따라 다르지만 대체로 점포의 입지의 선정, 점포의 내·외장, 집기, 비품, 간판 등의 통일성, 종업원의 복장, 구매와 판매의 방법, 영업시간, 로열티의 지급방법, 정기적인 보고서의 작성과 제출에 관한 사항, 상품의 통일적인 품질기준 유지와 보관 및 반품처리, 재고관리, 회계장부와 회계기록의 유지와 보존 등에 관한 사항이 포함되어 있다.[65]

그 밖에도 가맹점주는 가맹본부의 상표에 대한 명성과 영업권을 보호하고 그러한 상표 아래서 영업표준의 동일성을 유지하기 위하여 운영교범에 일치하도록 행동하여야 한다.

② 영업표식의 보호의무와 영업비밀의 비밀유지의무

가맹점주는 가맹본부의 상호, 상표 등의 영업표식과 특허권을 보호하여야 하고, 경영상의 노하우나 영업비결 등에 대하여 비밀을 유지해야 한다. 특히 이러한 비밀유지의무는 다른 의무와는 달리 계약이 종료된 후에도 계속적으로 부담하도록 약정하는 경우가 일반적이다.

③ 프랜차이즈 설정자의 지점 또는 대리인 표시 금지의무

가맹점주가 자신을 가맹본부의 지점, 대리인, 고용인인 것처럼 표시하거나 행동해서는 안 될 의무이다. 왜냐하면 가맹점주가 독립적

---

65) 최영홍, 전게논문, pp.63-64.

인 상인성을 가지지 않으면(지점, 고용인의 경우) 프랜차이즈계약의 법적 성질을 상실하고, 또한 가맹점주의 제3자에 대한 영업행위에 대하여 가맹본부가 책임지게 될 가능성을 배제해야 하기 때문이다.

④ 프랜차이즈료의 지급의무

프랜차이즈료는 가맹점주가 프랜차이즈 시스템에 가입하여 가맹점 운영을 개시하게 됨에 따라 가맹본부가 이에 대해 각종 준비를 하는 데 드는 비용을 담보하기 위한 입회비(가맹보증금)와 가맹본부가 사용을 허가한 영업표식의 대가나 계속적으로 제공하는 각종 서비스의 대가인 로열티(royalty)로 구성된다. 이러한 프랜차이즈료는 일정한 금액의 형태로 지급되지 않는다 할지라도 실질적인 거래관계의 내용상 어떤 대가관계가 형성된 경우에는 그 의무를 이행하여야 한다. 대체로 지급형태는 총 매출액이나 순이익의 일정률로 정해지는 경우가 많으나 때로는 물품대금이나 설비의 임대료에 포함시켜 지급하도록 하는 경우도 있다.

⑤ 가맹점 운영권의 양도금지의무

가맹점주는 자기가 취득한 가맹점 운영권을 가맹본부의 사전 동의 없이 타인에게 양도해서는 안 될 의무를 부담한다. 그러나 이러한 제한은 가맹점 운영권 취득에 필요한 가맹점주의 연수 및 당사자 간의 신뢰관계를 기초로 하는 프랜차이즈계약의 특수성에 비추어 보면 당연한 의무일지도 모르지만, 가맹점주가 가맹사업을 떠나

려 하는 경우에 합리적인 이유 없이 제한하는 경우에는 가맹점주의 투자기회를 부당하게 제한하는 결과를 초래할 수도 있다. 따라서 이와 같이 가맹점주가 부득이한 사유로 제3자에게 가맹점 운영권을 매도하고자 할 경우에는 가맹본부가 이를 우선적으로 매수할 수 있는 선매권을 약정함으로써 가맹본부와 가맹점주의 상호이익을 조화시킬 수 있을 것이다.

⑥ 가맹점 운영에 최선의무

가맹점주는 기본적으로 최선을 다하여 가맹점을 운영할 의무가 있다. 가맹점이 회사나 동업조합의 형태를 취할 경우에는 이사, 임원 등의 관리인을 선임하여야 하고, 개인인 경우에는 자신이 직접 점포를 운영하거나 관리인을 임명하여야 한다. 가맹점주는 관리인의 선임에 관하여 가맹본부의 사전 동의를 받아야 한다. 가맹점의 관리인은 최선을 다하여 가맹점을 운영하여야 하고 그날 그날의 영업실적에 대하여 직접 책임을 진다. 또한 가맹점주는 그가 선임한 관리인을 감시·감독하여야 하며 관리인의 영업실적에 대하여 책임을 져야 한다.66)

(5) 계약의 종료

프랜차이즈계약 당사자 간의 관계에서 가장 중요한 부분의 하나로서 계약의 종료에 관한 부분이다. 계약의 종료는 통상 계약기간의

---

66) 강희숙·김숙자, 전게서, pp.14-15.

만료로 종료한다. 그리고 프랜차이즈계약은 통상 갱신규정을 두고 있으며, 일정기간 묵시적 갱신이 약정되어 있다.

5. 프랜차이즈계약의 구성

1) 국내 가맹계약서 항목 분석[67]

국내 가맹계약서에 명시되어야 할 사항은 유통산업발전법 시행세칙 제37조 2항에 14개 항목으로 규정되어 있다. 이 항목을 바탕으로 '프랜차이즈 시장의 발전을 위한 시민연대'가 수집한 25개 업체(총 25개 업체 중 외식업, 서비스업 각각 8개, 소매업 9개)의 가맹계약서를 분석해 보면, 다음과 같은 14개의 항목으로 구성되어 있다.

(1) 계약 당사자

(2) 계약전문(이념·취지·목적, 해석기준, 적용범위, 권리, 의무)

계약전문에는 계약 당사자를 표시한 후 본 계약에 관련하여 어떠한 사업을 하고 있는가, 어떠한 목적을 가지고 있는가 등의 계약취

---

67) 조진온, 2001, **부동산프랜차이즈 연구─부동산중개업을 중심으로─**, 한양대학교 행정대학원 석사학위 논문, pp.23 − 30.

지를 밝혀야만 한다. 계약본문을 가맹계약자가 명확히 이해할 수 있도록 해석기준과 계약이 적용되는 범위를 명시하여야 한다. 수집된 가맹약관을 살펴보면 가맹사업자가 가맹계약자에게 당연히 제시해야 할 계약서의 해석기준이나 적용범위가 구체화되어 있지 않아 훗날 분쟁 유발 시에 가맹계약자에게 불리하게 작용될 소지가 있다. 또한, 가맹계약자의 권리가 의무에 비해 상대적으로 적어 가맹약관이 본사에 일방적으로 되어 있다고 판단된다. 전체적으로는 가맹사업자의 42.4%만이 계약전문을 충실히 가맹계약자에게 제시했다.

(3) 가맹사업자의 지원, 통제, 경영지도, 교육훈련

프랜차이즈 시스템의 특징은 대부분 해당 분야의 사업경험이 없거나 부족한 가맹사업자들에게 본사가 지닌 경영노하우나 경영지도, 기술지원 등을 제공해 서로가 이익을 창출하도록 하는 것이다. 그러므로 가맹사업자가 가맹계약자에게 지원하는 사항은 계약서상에 구체적으로 명시되어 있어야 한다. 아래 표를 보면 국내 가맹계약서에는 본사지원이나 교육훈련에 대해서는 대체적으로 계약서상에 명시하고 있으나, 가맹점의 관리나 경영지도에 대한 언급은 상대적으로 구체화되어 있지 못했다. 이는 가맹본사와 가맹계약자 사이에 본사의 경영지도나 변경사항을 가맹계약자에게 전달해 주고 가맹계약자의 개선 요구를 본사에 전달해 줄 전문적인 슈퍼바이저의 부재 때문이라고 분석된다.

(4) 판매촉진 및 선전광고(비용부담 주체와 가맹점의 협력)

가맹본사는 가맹점을 위한 판촉활동과 광고선전을 해야 할 의무가 있다. 그리고 가맹계약자 자신의 영리를 위한 판매촉진에 적극적으로 협력할 의무가 있다. 이러한 본사와 가맹계약자의 의무는 계약서상에 명확히 명시되어야 한다. 국내의 경우 가맹계약자가 부담하는 광고비용이 단순히 가맹본사의 체인점 모집광고 비용으로 사용되는 경우가 많아 이에 대한 명확한 기준이 계약서에 들어 있어야 한다.

다음의 <표 Ⅱ.4>는 유통산업발전법 시행세칙에서 가맹계약서에 들어가야 할 광고에 관한 사항이다. 표에서도 알 수 있듯 광고비용의 사용용도와 방법을 차지하고라도 비용부담 주체나 가맹점의 협력에 대한 계약서상의 명시조차 제대로 이루어지지 않은 것으로 파악된다.

<표 Ⅱ.4> 판매촉진 및 선전광고

판매촉진/선전광고	계약서의 명시 비율
비용부담의 주체	48%
가맹점의 협력	44%

(5) 상호, 상표 등 영업표지 사용(조건, 사용법, 관리, 철거사항)

프랜차이즈계약의 가장 기본이 되는 규정은 가맹사업자가 가맹계약자에게 가맹본사의 프랜차이즈 시스템을 상징하는 상호, 상표를 부여하여 사업을 수행하도록 특권을 부여하는 조항이다. 따라서 가맹계약자가 이해할 수 있도록 이에 대한 명확한 사항이 계약서상에 자세히 명시되어 있어야 한다. 그러나 국내 가맹계약서에는 전체적으로 상호, 상표에 대한 가맹사업자의 명확한 정보제공이 부족한 것으로 분석된다.

<표 Ⅱ.5> 상호, 상표 등 영업표시 사항

상호, 상표 등 영업표시 사항	계약서의 명시 비율
조건	44%
사용법	44%
관리	20%
철거	16%

(6) 점포 내·외장 통일사항

프랜차이즈 시스템의 이점은 소비자가 상호나 상표를 신뢰하고 상품이나 서비스를 원하면 어느 가맹점에서라도 동등한 상품, 서비스를 제공받을 수 있다는 데에 있다. 따라서 가맹계약서에는 상품이나 서비스의 통일성뿐만 아니라 매장의 내·외장의 통일에 대한 명시가 되어 있어야만 된다. 그러나 2/4분기에 수집된 국내 가맹계약서 중 20%만이 이를 명시하고 있는 실정이다.

(7) 가맹점의 설비투자, 가맹본사의 자재공급

   (설계 · 공사, 자재, 설비, 기계, 비품공급 및 소유권, 관리책임)

가맹본사가 이미지 통일을 위해 가맹점에 내장 및 외장용 자재, 기계, 내부설계, 유니폼, 사무용품, 비품 등을 유상이나 무상으로 공급할 경우, 그 범위와 기준 금액을 계약서상에 명시하여야 한다. 그러나 해당 프랜차이즈 시스템의 통일성을 위배하지 않는데도 가맹본사가 정하는 특정자재만을 사용하도록 가맹점에 강요하는 것은 법 제23조(불공정거래행위의 금지) 제1항 제3호 하단에서 규정하는 '부당하게 거래를 강제하는 행위' 또는 법 제23조(불공정거래행위의 금지) 제1항 제4호에서 규정하는 '자기의 거래상의 지위를 부당하게 이용하여 상대방과 거래하는 행위'에 해당된다. 그럼에도 불구하고 설비공사 사항을 계약서에 명시한 52%의 가맹본사 중 92.3%가 일방적으로 인테리어 업자를 지정하고 있다. 이는 특정 자재만을 요구하며 가맹사업자가 점포설비와 관련되어 발생하는 수익을 챙긴다는 것으로 분석될 수 있다.

   또한, 설비나 자재에 대한 소유권을 계약서상에 명확히 명시한 가맹사업자가 20% 로 나타나 프랜차이즈세약 종료 후 소유권음 둘러싼 분쟁의 소지가 있다.

<表 Ⅱ.6> 가맹점의 설비투자, 가맹본사의 자재공급

가맹점의 설비투자, 가맹본사의 자재공급	계약서 명시 비율
설비공사	52%
자재	48%
설비	40%
기계	20%
비품공급	44%
소유권	20%
관리책임	36%

(8) 가맹비, 보증금, 수수료, 로열티, 이익배분, 기타(징수액수, 산
정법, 금전성질, 징수시기·방법, 반환조건, 이익분배 내용)

가맹계약자는 가맹사업자로부터 상호, 상표 사용 등에 대한 권리
를 부여받는 대가로 본사에 금전을 지불할 의무가 있다. 따라서 계
약서에는 가맹계약자가 지불해야 할 금전의 성질, 금액 또는 산정방
법, 지불방법 및 시기 등을 정하고 지불금액이 반환되는 것이라면
그 조건이 명확히 명시되어야만 한다. 국내 계약서에는 이러한 반환
조건에 대한 명시가 다른 사항에 비해 명확히 제시되지 않았다. 실
제로 프랜차이즈 관련 피해사례 중 약 30%가 반환금액에 관한 내
용으로 계약서상에 이를 명확히 규제하지 않는다면 계약종료 후 분
쟁의 가능성을 남겨놓는 것이다.

(9) 영업시간

가맹사업자는 가맹계약자에게 프랜차이즈 사업에 전념하도록 요구한다. 이러한 의미에서 가맹사업자 계약서상에 영업시간에 대한 명시를 하게 된다. 현재 조사된 계약서상에는 영업시간에 대해 언급한 업체의 비율이 8%로 나타나 이 항목을 타 항목에 비해 상대적으로 가맹사업자가 간과하는 것으로 분석된다.

(10) 상품공급과 조건, 대금결제 방법

가맹사업자는 프랜차이즈 시스템을 원활히 운영하고 또한 가맹계약자가 소비자에게 제공하는 상품이나 서비스의 통일성을 유지하기 위해 개점 초기와 운영 중에 상품이나 원자재를 가맹계약자에게 제공하게 되며 이는 계약서상에 명시되어 있어야 한다. 이에 대해서는 타 항목에 비해 가맹사업자가 계약서에 명시한 비율이 높았으나 반품에 대한 명시를 정확히 제공한 업체는 단 한 곳도 없었다.

(11) 경리, 회계처리 등 사무 관련 사항

프랜차이즈계약에 있어 가맹계약자는 가맹본사가 개발한 통일된 매뉴얼에 따라 회계장부를 작성, 정기적으로 가맹사업자에게 보고할 의무가 부여된다. 이는 프랜차이즈 시스템을 건전하고 합리적으로 운영하고 발전시키기 위해 또한 가맹사업자는 가맹계약자의 재정상태를 파악하고 이를 분석, 그에 합당한 경영 지원이나 교육을 실시하여야 한다. 따라서 계약서상에 이러한 목적과 취지가 밝혀져 있어야 된다. 그러나 국내 프랜차이즈계약서에는 44%만이 명시되어 있다. 바꾸어 말하면 44%의 가맹본사만이 가맹계약자의 경영관리에 관심이 있다는 뜻으로 파악된다.

(12) 계약기간, 갱신, 종료 관련 제반 사항

프랜차이즈계약서에서는 가맹계약자의 사망, 파산, 지불불능 그 밖에 가맹사업을 계속하는 것이 불가능할 때 해제할 수 있는 조건이 정해져 있어야 한다. 그러나 국내 프랜차이즈계약서에 이러한 사항을 정확히 명기한 업체가 흔하지 않아 이 또한 가맹사업자 위주로 약관이 작성되어 있음을 알 수 있다.

(13) 영업비밀 준수사항

프랜차이즈 시스템은 가맹사업자가 장기간 노력하여 축적된 경영노하우를 가맹계약자에게 제공하는 것이기 때문에 계약기간뿐만 아니라 계약 완료 후에도 모든 영업비밀을 가맹계약자가 지켜야 하고 이러한 사항은 계약서에 명시되어 있어야 한다. 그러나 수집된 가맹계약서에는 48%만이 이를 명시하고 있는 것으로 파악된다. 한편 이를 역으로 생각해 보면 가맹사업자 측에서 제공하는 경영노하우의 외부누설, 즉 가맹계약자의 영업비밀 누설이 본사에 영향을 미치지 않기 때문에 계약서상에 명시하지 않았다는 분석도 가능하다.

(14) 기타 가맹사업 수행에 필요한 사항

프랜차이즈 사업에서 입지조건은 매우 중요한 요소이기 때문에 가맹사업자는 가맹계약자에게 정확한 상권분석과 함께 영업권의 부여를 계약서상에 명시하여야 한다.

상권과 관련하여 가맹계약자의 피해사례가 빈번한 이유는 가맹사업자가 무분별하게 가맹점 확대 전략에만 급급하여 동일상권에 가맹점을 개설하는 경우가 증가하고 있기 때문이다. 현재 계약서상에 상권에 대한 명시가 되어 있지 않은 업체가 무려 44%로 나타나 분쟁의 소지를 안고 있는 실정이다.

가맹계약서에 명시되어야 할 유통산업발전법 시행세칙 제32조 2항의 14개 항목을 99년 2/4분기에 수집된 프랜차이즈 가맹계약서와 비교·분석해 본 결과 총 14개 항목 중 가맹사업자가 계약서에 명시한 항목은 평균 9.44개로 조사되었다. 또한, 9.44개의 항목도 가맹사업자에게 일방적으로 유리하게 작성되어 있어 보다 대등한 프랜차이즈 가맹약관이 절실히 요구된다.

2) 해외 프랜차이즈계약서 실태[68]

(1) 미국 프랜차이즈계약서

미국의 경우 계약상의 원칙은 가맹사업자와 가맹계약자가 계약서에 따라 상호 정직하고 윤리적으로 존중하는 신뢰성을 가지고 거래를 유지해야 한다는 것이다. 가맹사업자와 가맹계약자는 대등한 관계를 유지함과 동시에 타 가맹계약자나 협력업체, 소비자와도 정당하게 존중하는 자세로 임해야 한다는 원칙을 계약서에 반영하고 있다. 아래는 일반적인 미국의 프랜차이즈계약서에 들어가는 조항들이다.

1〉 계약과 프랜차이즈 비용

미국의 프랜차이즈계약서에는 공정거래위원회(FTC)의 법규에 따라 초기 프랜차이즈 비용의 환불 조건과 임대, 건축, 장비, 초기 재고에 대한 비용 부담 조건이 명확하게 명시되어 있어야 한다.

2〉 장소 : 장소 승인권, 임대권, 프랜차이즈 임대 계약, 계획/세부사항

가맹본사가 가맹계약자에게 일정지역에서 본사의 프랜차이즈를 가지고 사업을 전개할 수 있는 승인과 임대권한, 그에 대한 조건이나 향후 계획이 명시된다.

---

68) 조진온, 상게논문, pp.30 - 39.

3> 소유권 표시 : 상호 사용, 상호에 관한 논의, 운영 매뉴얼,
　　재화/시스템/공급업자, 계약 시 요구사항

가맹사업자는 자사의 이미지와 상호, 상표의 사용권한을 가맹계약
자에게 부여하는 조항을 계약서에 표시하고 본사가 제공하는 운영
매뉴얼에 대한 명시, 계약종료 후 매뉴얼 반환조건 표시를 하며 재
화에 대한 소유권 등을 자세히 표기해 계약서에서 야기될 수 있는
분쟁을 사전에 방지하고 있다.

4> 교육과 지원 : 완벽한 교육, 초기 지원

본사가 가맹계약자에게 지원하는 교육이나 세미나에 대한 명시와
가맹계약자가 지불하게 되는 교육비용에 대한 명확한 표기, 가맹사
업자가 초기에 지원하는 물품이나 이벤트에 대한 사항을 계약서상
에 명기한다.

5> 가맹사업자의 지속적인 경영 지원 : 지속적인 컨설팅,
　　판촉/마케팅 개발/마케팅 상품과 기술

가맹사업자가 가맹계약자에게 제공해야 하는 지속적인 경영 지원
과 판매촉진, 기술개발 의무에 대한 의무를 명시한다.

6> 광고 : 광고카피/판촉물 승인, 전국광고에 대한 자금 내용,
　　지역광고, 협력광고, 매장 개장에 필요한 광고

가맹계약자가 지역광고를 할 경우 광고내용에 대한 본사의 승인
조건, 전국광고에 대해 가맹사업자가 가맹계약자에게 통보해야 할

광고비용내역, 가맹점주들 자체의 지역광고 전개조건, 광고비용 협력조건을 명시한다.

7> 운영 매뉴얼 : 필수사항, 기밀성, 가맹사업자의 자산
운영 매뉴얼 제공과 이에 들어가는 조항, 가맹계약자의 매뉴얼 기밀 유지 의무 조항 운영매뉴얼이 본사의 노하우임을 명시한다.

8> 기밀 유지 : 노하우/기술/제품 제조법, 보호필요성
가맹사업자가 제공하는 모든 영업자료, 경영지도 방법, 정보에 대한 일체의 기밀을 누설해서는 안 된다는 규정과 기밀 유지의 취지를 명시한다.

9> 유지와 보수 : 유지와 보수 내용, 유지 보수 관련 자금 형성
가맹사업자가 가맹계약자의 요청에 따라 가맹점을 유지하고 보수할 의무, 그에 따르는 비용조건을 명시한다.

10> 회계와 기록 : 규정에 대한 기록 유지, 기록 조사 협조, 감사
　　　　보고서 지원, 정기적 보고와 로열티 지불
가맹계약자의 사업운영 상태를 파악, 가맹사업자가 지원을 하기 위해 가맹계약자의 회계기록의 공개 의무를 명시한다.

11> 품질과 수행 기준 : 통일성 설정, 세부사항과 일치하는 구매
　　　　지원, 유형, 품질과 구매량 기술

12〉 프랜차이즈 시스템 변경 : 변경을 위한 가맹사업자의 권리 설정, 가맹계약자의 비인가된 변경 금지

미국 프랜차이즈 시스템의 경우 계약기간이 15-20년이기 때문에 그 시기에 맞춰 변경될 수 있는 시스템에 대한 가맹사업자의 권한, 가맹계약자 임의의 시스템 변경 금지에 대한 것을 명시한다.

13〉 지속적인 서비스와 로열티 : 로열티 설정, 지원과 컨설팅 서비스 제공을 위한 프로그램 결정, 로열티/서비스 지원비용 설정, 로열티 지불 보장

14〉 보험 : 가맹계약자와 가맹사업자 보호, 보호 수준 설정

15〉 결정사항 : 재계약, 계약 종료에 대한 조건, 공동임대, 장기적-가맹사업자의 로열티 보장/가맹계약자의 권리보장, 단기적-로열티 책정/새로운 조건과 상황 허가

16〉 계약조항 : 가맹계약자의 사업변경/비밀누설에 대한 규정, 가맹사입자의 개선방안 가맹계약자가 가맹사업을 전개하는 데 있어 가맹본사가 지원해 주는 경영노하우와 경영실무에 대한 비밀성 유지 조건 명시. 가맹계약자가 현장에서 느끼는 개선점을 본사에 권고 의무

17〉 종료와 채무 불이행 : 파산/해결책 공시, 로열티나 비용 지불

불이행, 보고서나 재무정보 제출 불이행, 매장유기, 프랜차이즈계약 준수 불이행, 프랜차이즈 시스템 손상

18〉 계약 만기와 종료에 대한 권리와 의무 가맹사업자가 계약을 종료할 수 있는 조건, 가맹계약자가 계약을 종료할 수 있는 조건이나 상황을 명시한다.

19〉 운영개시와 운영시간 : 계약 시의 명확성, 운영시간과 영업일 결정

20〉 양도 가능성 : 양도 비용, 허가권, 신규 가맹계약자의 교육, 가맹계약자의 양도조건과 비용, 가맹사업자의 허가권한과 조건, 피양도인에 대한 교육내용 명시

21〉 가맹계약자의 사망 : 유족에게 양도 가능, 유족의 매매 가능, 가맹사업자의 매입 여부, 매입방법과 지원

22〉 거부권

23〉 신체적 장애나 사망 시의 프랜차이즈 운영

24〉 세금과 인가 : 세금, 자산, 선매권, 기자재, 회계에 대한 지불요구, 각종 법규 준수 요구, 인가, 공인, 라이선스 취득 요구

25> 경영 협력자

가맹사업자 이외에 가맹계약자를 지원해 주는 인테리어업자나 공급업자 등의 신원에 대한 명시한다.

26> 권리포기에 관한 조항

27> 통보 : 통보방법, 통보일자

28> 불이행에 대한 채무

가맹계약자가 가맹사업자와의 관계에서 채무 불이행 시 가맹사업자가 갖는 구속력에 대한 것을 명시한다.

29> 완전 계약 : 선 계약 우선, 수정안, 변경사항, 변동사항에 대한 지원

30> 해석 범위

프랜차이즈계약과 관련하여 계약서상에 명시되어 조항이 자의적으로 해석되지 않도록 계약서의 해석범위를 명확히 규정한다.

31> 적용법

해당 프랜차이즈 사업에 적용되는 연방법과 사업을 운영하는 지역의 지방법, 공정거래위원회의 법규를 계약서에 명시한다.

32〉 중재 : 중재자 선정/지원, 중재 구속력

분쟁 발생 시 중재를 담당하는 기관이나 관할 법원에 대해 명시하고, 그에 따른 구속력을 명시한다.

33〉 가맹계약자의 Disclosure document 수령을 인정

가맹사업자는 가맹계약자에게 프랜차이즈 구매를 위한 가맹희망자와의 첫 개별회의 전, 구매와 관련된 계약이나 비용지불 최소 10일 전에 가맹본사에 대한 정보를 가맹희망자에게 제공했다는 내용을 계약서에 표기한다.

34〉 프랜차이즈 용어 정의

가맹사업자는 기존에 프랜차이즈 사업을 전개해 보지 않은 일반 가맹희망자들을 위해 프랜차이즈 시스템과 관련하여 가맹계약자들이 알아야 하는 용어를 계약서상에 명시한다.

35〉 주의사항

(2) 일본 프랜차이즈계약서

일본의 프랜차이즈계약상의 원칙은 가맹계약자와 가맹사업자의 거래관계에 초점을 맞추고 있다. 또한 계약서에 당사자 간의 중요한 권리와 의무를 전체적으로 명확하게 명시하여 계약 당사자 간의 분쟁의 소지를 없애는 데 목적이 있다. 그리고 계약서가 장기간 사용

에 견딜 수 있는 일반성에 주안점을 두고 있다.

1〉계약 당사자 : 계약 당사자의 표시, 계약 당사자의 관계(대리
　　관계의 부존재)

가맹사업자와 가맹계약자는 본인과 대리인의 관계나 고용자와 고
용인의 관계가 아니기 때문에 '가맹계약자는 가맹사업자의 업무를
대행한다'라는 식의 표현은 쓰지 못하게 하고 있다.

2〉전문 : 계약의 이념, 취지, 목적, 계약의 해석 기준, 계약의 적
　　용범위

당사자가 본 계약에 관련하여 어떠한 사업을 하고 있는가, 계약
을 체결할 의사가 있는가, 본 계약은 어떠한 목적을 가지고 있는가,
계약의 취지는 무엇인가를 밝히는 조항이 들어간다.

또한, 차후 발생할 수도 있는 계약상의 분쟁과 관련하여 명확한
해석기준과 적용범위를 반드시 명시한다.

3〉정의

계약서에서 사용하는 법률용어나 기술용어의 의미를 가맹계약자
가 명확하게 이해하게 하고 그 의미를 한정 짓는 조항을 계약서에
명시한다.

4〉프랜차이즈의 부여

프랜차이즈계약의 가장 기본이 되는 규정으로 가맹사업자가 계약

자에게 프랜차이즈 시스템을 상징하는 상표, 서비스마크, 상호 사용에 대한 특권을 부여하는 조항을 계약서에 표기한다.

5〉 상표 등의 사용허가 : 사용허가 대상의 등록, 허가조건, 사용법 및 관리

상표 등의 사용허가와 그에 대한 조건, 사용방법이나 관리, 이에 대한 의무와 준수치 않았을 때의 책임소재의 한정 등을 명시한다.

6〉 프랜차이즈의 지역과 매장장소

배타적 상권 인정, 가맹계약자 점포의 구조 및 내외장, 설비 등과 관련하여 운영규칙에 대한 상세한 조항을 명시한다.

7〉 가맹사업자의 경영지도 및 기술지원 : 자료제공, 지도, 연수 및 교육

프랜차이즈 가입 시에 실시하는 교육, 훈련과 가입 후 정기적으로 실시하는 교육훈련 프로그램을 구분하여 명시. 이에 들어가는 비용에 대한 규정 또한 명시. 매뉴얼은 중요한 사업경영의 노하우이고 가맹사업자가 가맹계약자의 경영을 지도하는 표본이기 때문에 가맹사업자는 가맹점에 제공할 모든 매뉴얼의 종류와 수량 등을 반드시 계약서 조항에 명시한다.

8〉 판매촉진 : 가맹사업자에 의한 판매촉진 방법, 가맹사업자에 의한 판매촉진 지원, 가맹계약자의 판매촉진 의무

가맹본사가 가맹점을 위한 판촉활동과 광고선전을 해야 할 의무, 가맹점이 부담할 일부비용과 협력해야 할 의무에 대한 규정, 가맹계약자가 독자적으로 판촉활동과 광고선전을 할 경우 가맹사업자가 가맹점을 지도하고 지원하는 사항에 대한 규정을 명시한다.

9〉 가맹사업자의 지원물품 : 물품의 종류, 품질, 수량, 조달방법
가맹사업자는 가맹계약자에게 지속적으로 상품을 제공할 의무가 있기 때문에 계약서상에 상품의 종류 및 수량, 공급조건, 배송방법, 발주, 수령방법, 대금결제방법 등에 관한 조항을 명시. 또한 상품의 공급조건 조항에는 가맹본사에서 상품의 공급을 전부 하는가, 일부만 하는가, 가맹점의 개인적인 구입을 어느 정도까지 인정하는가를 규정. 물품 공급은 일정 한도를 초과할 수 없도록 명시한다.

10〉 가맹계약자의 지불의무 : 지불이유, 금액산정, 지불시기, 방법과 조건
가맹계약자가 가맹사업자에게 지불하는 가맹비, 로열티, 상품 및 서비스 공급에 대한 수수료 등에 대한 명확한 명시. 또한 프랜차이즈계약을 해약할 경우 제반 비용의 반환조건을 명시한다.

11〉 가맹계약자가 판매하는 상품 및 서비스의 품질관리
프랜차이즈 특성을 반영하는 동일한 품질과 서비스의 제공에 대한 취지 명시, 가맹계약자가 판매하는 상품이나 서비스의 규격, 원료 등 명시, 원료나 보급품을 가맹사업자 또는 그가 지정한 자로부

터 구입하도록 의무화, 가맹계약자의 상품이나 서비스 검사 규정 명시, 포장이나 판매촉진자료 사용에 대한 가맹사업자의 허가조건을 명시한다.

12〉 가맹계약자의 영업에 관한 사항 : 회계에 관한 사항, 가맹계약자가 영업에 전념하는 의무

가맹사업자가 가맹점의 운영실적을 파악하고 평가, 지원을 할 수 있도록 가맹계약자의 회계정보를 얻을 수 있는 조항과 가맹사업자가 영업에 전념할 수 있도록 다른 사업에 대한 겸업 금지 조항을 명시한다.

13〉 프랜차이즈계약기간, 종료, 갱신 : 계약기간 및 갱신, 계약해약 사유 및 해약 방법, 계약종료 사유, 계약종료 관련 처리사항

계약기간이나 갱신조건은 물론, 계약의 해제 및 갱신 시 정당한 사유가 있을 때 사전에 예고할 수 있는 규정. 해약 시 가맹계약자가 반환하여야 하는 물품과 서류에 대한 것 등을 명시한다.

14〉 기타 계약 조항 : 면책조항, 프랜차이즈계약 양도, 연대보증, 근저당, 담보에 관한 사항, 재판관할, 중재조항, 분쟁해결에 관한 사항, 계약개정, 계약 연원일, 운영규칙이나 그 외 보충문서와의 관계

3) 기존의 프랜차이즈계약 관련 보호책과 그 문제점

(1) 공정거래위원회의 '가맹사업(프랜차이즈)의 불공정행위의 기준지정고시'

지난 97년 공정거래위원회가 발표한 가맹사업의 불공정거래행위의 기준 지정고시는 독점규제 및 공정거래에 관한 법률 제23조 제1항의 규정에서 금지하고 있는 불공정거래행위를 가맹사업에 적용한 것에 불과하다.

또한, 이를 기반으로 부실 본사를 가려내고 가맹사업을 희망하는 이들의 피해를 예방한다는 것은 무리가 따르는 일이다. 아래는 종합적이고 광범위한 유통 시스템인 프랜차이즈 시스템에 공정거래위원회가 제시한 불공정거래행위의 기준지정고시가 자의적으로 해석될 수 있는 부분들이다.

가맹사업(프랜차이즈)의 불공정거래행위의 기준지정고시 "제4조 '기본원칙' 가맹사업의 거래특성을 감안하여 가맹사업자로 하여금 계약 체결 전에 가맹희망자들이 가맹 여부를 적정하게 판단할 수 있는 필요 자료 및 정보를 충분히 공개하도록 하는 반면, 가맹사업상 필요를 충분히 고려하여 불공정거래 여부를 판단하도록 한다."로 규정되어 있다. 이 조항에서 언급된 '계약 체결 전'이란 구체적으로 어느 시점에서 어느 시점까지인지 일시에 대한 기술이 없다. 참고로 미국의 공정거래위원회(FTC)는 가맹사업자와 가맹희망자의 계약 체결 또는 가맹사업자와 가맹희망자의 계약 체결 또는 가맹사업자와 가맹희망자의 최초 개별회의 초소 10일 전에 가맹사업자가 가맹희망자에게 가맹본사에 관한 정보를 제공하도록 규정하고 있고 '계약 체결 전'의 구체적 일시가 명시되어 있지 않아 본사의 일방적인 해석이 가능하다. 계약 체결 전과 제5조 2항 '사전에 서면으로 제공하지 않거나'의 '사전'을 동일한 시일로 해석할 수 있는지와 충분한 검토란 어느 정도의 시간을 의미하는지 모호하다.

그리고 제5조 '사전 정보 및 자료 미제공' 가맹사업자가 자기의 가맹계약자 모집에 응하여 가맹준비를 하여온 가맹희망자와 계약을 체결하는 과정에서, 다음 각 호의 1에 해당하는 행위를 하는 경우에는 법 제23조(불공정거래행위의 금지) 제1항 제4호에서 규정하는 "자기의 거래상의 지위를 부당하게 이용하여 상대방과 거래하는 행위"에 해당한다고 규정되어 있는데 불공정행위로 판명될 경우에 본사는 어떠한 제재를 받는지 명확하지 않다.

"1. 가맹희망자가 가맹사업자의 가맹사업 관련 재무상황, 최근 5년간 의 사업경력, 가맹사업 관련 진행 중인 소송에 관한 사항들 중 필요한 내용들을 서면으로 제공하여 줄 것을 서면으로 요구함에도, 이에 응하지 않고 계약을 체결 또는 체결하고자 하는 행위"에서 '체결하고자 하는 행위'란 가맹사업자가 가맹계약자에게 계약을 종용하는 행위를 말하는 것으로 판단하여야 하는가, 만일 그렇다면 이러한 행위만으로 본사를 제재할 수 있는 기준이 마련되어 있는가. 또한 이렇게 체결된 계약은 어떠한 효력을 발생하는지 의미가 모호하다.

"3. 가맹희망자가 상품 또는 용역의 공급조건, 영업지도와 이에 대한 대가지급방법, 영업의 통제사항, 계약의 해제, 해지 및 갱신조건들에 관한 구체적 내용을 계약서나 설명만으로는 이해가 곤란하여 필요한 사항을 서면으로 제공하여 줄 것을 서명으로 요구함에도, 이에 응하지 않고 계약을 체결 또는 체결하고자 하는 행위"의 규정에서 계약 체결 전 일정기간을 두고 가맹계약서를 가맹사업자가 가맹계약자에게 제공해 주어야 한다는 것인데 만일 가맹사업자가 이를 불이행하였을 때 적용되는 법이나 제재 방안이 모호하다.

가맹사업체가 공정거래위원회의 가맹사업(프랜차이즈)의 불공정거래행위의 기준지정고시를 위반하였다 하더라도 그에 대한 제재가 추상적이고 경미하다. 아래는 불공정행위로 인해 본사가 받은 제재 중 하나다.

(2) 한국프랜차이즈협회 윤리강령

한국프랜차이즈협회가 발표한 윤리강령 중에서 계약 관련 사항은 15개 조항 중 3개 항에서 언급하고 있다. 그러나 프랜차이즈협회의 윤리강령은 대부분 미국 IFA의 윤리강령을 그대로 답습한 것에 지나지 않고, 내용 또한 추상적이고 모호하여 가맹사업자에게 일방적으로 유리하게 해석될 수 있고 실질적으로 가맹희망자에게는 별다른 보호책으로 작용될 수 없는 사항들이다. 아래는 한국 프랜차이즈협회의 윤리강령 중 계약 관련 조항들이다.

"8. 회원은 잠재적인 가맹점주에 대하여 가맹계약을 체결하기 전적당한 시기에 프랜차이즈 관계에 있어서 중요하다고 인식되는 모든 정보를 서면으로 충분하고 정확하게 제공하여야 한다. 또 회원은 잠재적인 가맹점주에 대한 사전의 공식에 관하여 헌법 또는 법률에 규정되어 있는 사항을 충분히 준수하여야 한다."

공정거래위원회의 '가맹사업(프랜차이즈)의 불공정거래행위의 기준고시'에서와 마찬가지로 협회의 윤리강령에서도 가맹본사가 가맹희망자에게 자신의 프랜차이즈 시스템과 관련하여 제공해야 하는 사전정보의 제공시기를 '적당한 시기'로 한정 짓고 있다.

Disclosure document의 제공목적은 가맹희망자가 해당 프랜차이즈 시스템을 보다 정확히 알 수 있게 하며 충분히 투자할 만한 가치를 가지고 있는 본사인지를 가려내는 데 가장 핵심이 되는 문서임을 감안할 때, 가맹사업자는 가맹희망자가 이를 충분히 검토, 판단할 수 있도록 구체적인 Disclosure document 제공시기를 밝힐 필요가 있다. 동 조항 '프랜차이즈 관계에 있어 중요하다고 인식되는 모든 정보를 서면으로 충분하고 정확하게 제공하여야 한다.'는 국내 프랜차이즈 시장에 아직까지 가맹사업자들이 반드시 지켜야 하는 표준 Disclosure document가 없는 상황에서 '프랜차이즈 관계에 있어 중요하다고 인식되는 모든 정보'란 다분히 본사에 불리한 법적 소송관계나 재무관계에 대한 정보제공은 구체적으로 밝히려 들지 않을 것이다.

"9. 프랜차이즈 관계에 있어서 중요한 사항은 모두 계약서에 기입하여 야 한다. 계약서에는 프랜차이즈 관계의 조건 및 양 당사자의 권리, 의무를 명확하게 규정하여야 한다."

'프랜차이즈 관계에 있어서 중요한 사항은 모두 계약서에 기입하여야 한다.' 앞서 국내 가맹계약서 항목분석에서 살펴보았듯이 계약서와 관련하여 유통산업발전법 시행세칙 제32조 2항의 14개 항목을 철저하게 준수하는 가맹사업체는 단 한 곳도 없는 실정이고, 설령 많은 부분을 준수하고 있더라도 이는 가맹사업자에게 일방적으로 유리하게 되어 있어 그에 따른 가맹계약자의 많은 피해가 유발되고 있다. 또한, 표준계약약관이 정립되지 않은 상황에서 '중요한 사항은 모두 계약서에 기입하여야 한다.'는 프랜차이즈계약에서 가맹계약자의 권리를 지켜주기보다는 가맹사업자에게 유리하게 작성될 가능성이 높다. 더욱이 프랜차이즈계약의 특징은 가맹사업자가 계약서를 작성하고 가맹계약자는 이에 동의하는 형식을 띠고 있어 표준약관이 제정되어 있지 않은 국내 프랜차이즈계약 상황에서 는 당연히 본사에 유리할 수밖에 없다.

"13. 가맹본부와 가맹점주 간의 모든 거래는 공정한 취지로 행하여져야 한다. 가맹본부는 가맹점주의 계약위반에 대한 어떠한 사항에 대해서도 정황에 따라 충분하고 적절하게 가맹점주에게 고지하고 또 가맹점주에 대하여 계약 불이행을 개선하기 위한 충분한 시간을 주어야 하다."

'가맹본부는 가맹점주의 계약위반에 대한 어떠한 사항에 대해서도 정황에 따라 충분하고 적절하게 가맹점주에게 고지하고 또 가맹점주에 대하여 계약 불이행을 개선하기 위한 충분한 시간을 주어야 한다.'이는 가맹계약자가 계약내용을 어길 경우 본사가 취하는 행동을 언급한 것이다.

그러나 국내 가맹계약서의 대부분은 가맹계약자의 계약위반만을 다루고 있고 본사가 계약의 일부를 위반해 가맹계약자가 프랜차이즈계약을 해지하는 조항은 규정되어 있지 않다. 이 또한 가맹사업자의 일방적인 논리에 지나지 않는다. 즉, 협회 윤리강령 계약 관련 조항들은 가맹계약자의 의무만 있고 권리는 뒷전으로 되어 있는 움직이지 않는 수레바퀴인 것이다.

(3) 한국소비자보호원, 한국프랜차이즈협회의 계약약관

이는 한국소비자보호원과 한국프랜차이즈협회 표준약관의 주요내용이다.

ㄱ. 계약이행보증금은 채권·채무 변제 후 잔금을 반환하여야 한다.

ㄴ. 가맹본사는 서비스구역에 대해 행정구역, 인구비례, 거리제한 등의 보호지역을 명시해야 한다.

ㄷ. 영업양도는 본사의 서면승인이 있어야 한다.

ㄹ. 가맹점은 본사 승인 없이 동종 또는 유사업종 영업을 할 수 없다.

ㅁ. 가맹점은 본사 공급 물품의 외부 유출이나 판매를 할 수 없다.

ㅂ. 가맹점은 본사 공급 상품의 하자 발생 시 교환 및 반품이 가능하다.

ㅅ. 대금 납입 체불 시 체납금액의 연리 24% 이자를 가산해 납입해야 한다.

ㅈ. 가맹점은 본사가 계약의무 이행을 소홀히 한 경우 계약해지를 요구 할 수 있다.

ㅊ. 계약기간 만료 30일 전까지 양자 간 이의 없을 때는 1년간 자동 연장된다.

ㅋ. 가맹비는 가맹점이 현금으로 본사에 납입해야 한다. 로열티는 정기적으로 본사에 현금지급을 원칙으로 하다.

ㅌ. 점포 시설 및 배치는 본사가 정한 바대로 설계·시공돼야 한다.

ㅍ. 가맹점은 점포관리 책임이 있으며 노후 점포시설은 교체·보수해야 한다.

ㅎ. 가맹점 점포관리자는 본사 연수교육을 이수해야 한다.

ㄲ. 본사는 광고 및 판촉비용 일부를 가맹점에 청구할 수도 있다.

협회에서 작성 중인 표준약관의 주요내용에서도 알 수 있듯이 주요내용 14개 항목 중에서 가맹사업자가 통제하거나 가맹계약자에게 의무를 지우는 조항이 8개 이상으로 나타나 표준약관 제정 자체의 의미가 방향성을 잃어버리고 있다. 또한 표준약관의 주요내용이란 것이 가맹사업자가 가맹계약자에게 제공해야 하는 Disclosure document에 주요 조항보다도 구체화되지 못하여 복잡하고 복합적인 프랜차이즈 시스템 반영에는 실효성이 없어 보인다.

더욱이 협회의 주장처럼 진정으로 프랜차이즈 시장의 발진과 가맹사업자, 가맹희망자들의 공동번영을 위해 표준약관을 제정하는 것이라면 여기에는 전문가들의 의견뿐만 아니라 기존 가맹계약자의 의견을 반영, 진정한 표준약관을 만들어야 될 것이다.

Ⅲ. 프랜차이즈 중개업의 成果에 관한 理論的 考察

1. 成果決定要因에 관한 先行硏究의 檢討

1) 一般 流通産業分野의 硏究

프랜차이즈 중개업의 成果決定要因에 관한 선행연구는 전무한 실정이다. 따라서 이 장에서는 일반 유통산업에 관한 선행연구들을 중심으로 成果決定要因을 살펴본다. 일반 유통산업에 관한 선행연구들도 프랜차이즈 가맹점의 성과결정요인에 관한 일부 요인만을 연구한 결점이 있다. 따라서 본 연구에서는 가맹점 특성, 본부 특성, 경쟁 특성, 관계 특성 등 네 가지 측면에서 프랜차이즈 중개업의 경영성과에 영향을 미치는 요인을 고찰한다. 본 연구에서 이와 같이 선행연구를 네 가지 특성으로 분류하는 것은 프랜차이즈 가맹점의 성과에 영향을 미치는 요인에 대하여 여러 학자들의 연구결과를 체계적으로 분류하고자 함이고, 또 프랜차이즈 가맹점의 성과에 영향을 미치는 요인들을 여러 선행연구에서 검토해 본 결과 가장 합리적이기 때문이다.

첫째는 가맹점 특성에 관한 연구로서 프랜차이즈 가맹점의 특성이 가맹점의 성과에 영향을 미치는 요인으로서 가맹점의 재무능력, 경영자의 경험, 종업원의 자질, 입지 등을 변수로 사용한 연구이다. 이를 연구한 학자들은 홀과 냅 그리고 윈스턴(Hall, Knapp and Winstern, 1961), 타스만과 더그라스 그리고 부쉬(Tathman, Douglass and Bush, 1972), 타케우치(Takeuch, 1977), 러쉬와 문수영(Lusch and Moon, 1984), 굿(Good, 1984), 다우트(Doutt, 1984), 김종훈(Kim, 1989), 트레보(Trevor, 1989), 루이스와 램버트(Lewis and Lambert, 1991) 등에 의해서 이루어졌다.

둘째는 프랜차이즈 본부에 관한 특성으로서 프랜차이즈 본부가 가맹점의 성과에 영향을 미치는 요인으로 영업지원, 기회 제공, 서비스 제공, 정보교환, 광고 등을 변수로 사용한 연구이다. 이를 연구한 학자들은 다우트(Doutt, 1984), 야바스와 하비브(Yavas and Habib, 1987), 스턴과 엘 앤사리(Stern and El-Ansary, 1988), 김종훈(Kim, 1989) 등이 있다.

셋째는 경쟁 특성에 관한 연구로서 프랜차이즈 가맹점 상호간의 경쟁이 가맹점의 성과에 영향을 미치는 요인으로서 가맹섬의 상호 경쟁과 유사업종 간의 경쟁 등을 변수로 사용한 연구이다. 이를 연구한 학자들은 러쉬(Lusch, 1976), 켈리와 피터스(Kelly and Peters, 1977), 고쉬와 크레이그(Ghosh and Craig, 1990) 등이다.

넷째는 관계 특성에 관한 연구로서 프랜차이즈 본부와 가맹점 간의 관계를 중요시하는 요인으로서 협력관계, 갈등 등을 변수로 사용한 연구이다. 이를 연구한 학자들은 러쉬(Lausch, 1976), 시블리와 미치(Sibley and Michie, 1982), 칠더스와 루커트(Childers and Ruekert, 1987), 김종훈(Kim, 1989), 트레보(Trevor, 1989), 루이스와 램버트(Lewis and Lambert, 1991) 등이 있다.

이들 연구를 각각의 특성에 따라 살펴보면 다음과 같다.

(1) 加盟店特性論

① 홀(M.Hall) · 냅(J.Knapp) · 윈스턴(C.Winstern)의 연구

市場要因(market forces)이 소매업 성과에 미치는 영향에 대하여 최초이자 비교적 충실한 연구는 마가렛트 홀의 주도하에 1955년에 이루어진 식료품점 및 의류업체를 대상으로 한 연구로 그들은 연구의 자료로 영국, 미국, 캐나다에 있어서의 여러 상업센서스를 포괄적으로 이용하였다.[69] 그들의 연구목적은 이들 3개국에 있어서 소매업의 성과 수준을 비교하고, 그 차이에 대해 설명하고자 하는 것이었다. 그들은 성과를 종업원 수(풀타임 종업원)에 대한 매출액의 비율로 보고 이에 영향을 미치는 요인으로는 1인당 소득, 인구밀도, 인구성장률, 정착기간 등을 들고 이 요인들은 성과에 영향을 미친다고 주장하였으나 인구밀도는 유의적이지 못하고 나머지만 유의적이

---

69) M. Hall, Knapp, J. and Winstern, C., 1961, *Distrbution in Great Britan and North America,* London: Oxford University Press, pp.131 −138.

었다.

② 타스만(R. L. Tathman) · 더그라스(R. Douglass) · 부쉬(R. F. Bush)의 연구

타스만 등은 프랜차이즈 가맹점의 중요 선발기준에 대한 연구에서 가맹점에 대한 경영자의 선발에 대하여 연구하였다.[70] 그 결과 신용과 재무상태, 개인의 업무수행 능력, 과거 경영경험, 적절한 사업동기, 교육배경과 연령 등이 고려되어야 한다고 주장하였다. 이와 같은 요인들은 프랜차이즈 가맹점의 성공을 결정하는 중요한 가맹점의 특성요인이 되며, 가맹점 경영자의 기본적 특질이 시스템 성공과 어떤 상관관계가 있는지 검증하기 위한 요인이 된다는 점에서 의미를 부여할 수 있을 것이다.

③ 타케우치(H. Takeuch)의 연구

타케우치(Takeuch)는 소매업생산성에 영향을 미치는 요소를 크게 시장요소와 기술요소로 나누고 슈퍼마켓을 중심으로 점포 특성적인 결정변수 중에서 경영자가 통제 가능한 변수에 중점을 두고 연구하였다.[71] 그는 시장요소로 평균거래규모, 점포경과 연수, 경쟁도, 입

---

70) R. L. Tathman, Douglass R. and Bush R. F., 1972, "An Analysis of Decision Criteria in Franchisor/Franchisee Selection Processes", *Journal of Retailing,* Vol.48, pp.17.

71) H. Takeuchi, 1977, *Productivity Analysis as a Resource Management Tool in the Retail Trade,* Ph. D, dissertation, University of

지변수 등을 들고, 소매업경영자가 통제 가능한 기술요소 변수로 다음의 7가지 요소 즉 기술수준, 점포의 규모, 설비이용도, 가공활동의 종합 정도, 특별서비스의 수준, 제품구색, 경영자의 자질, 종업원의 자질 등이 각각 소매업생산성에 어떻게 영향을 미치는지 연구하였다.

④ 러쉬(R. F. Lusch)와 문수영(Sooyoung Moon)의 연구

러시(Lusch)와 문수영은 소매업성과에 영향을 미치는 요소를 마케팅믹스 결정요소, 소매기업의 특성요소, 그리고 전통적 경제요소로 크게 3가지로 나누고 하드웨어점포와 건축자재 공급점포를 중심으로 경영자가 통제 가능한 결정변수에 중점을 두고 연구하였다.[72]

그들의 연구에 의하면 가설로 ⅰ) 店鋪立地(상업중심지, 도심외곽지역, 주민거주지, 소규모쇼핑센터, 집단쇼핑센터, 독립점포)는 생산성과 관계가 있다. ⅱ) 店鋪價格水準(총 이익액/순 판매액)은 생산성과 부의 관계가 있다. ⅲ) 製品具色水準(재고액/매장면적)은 생산성과 정의 관계가 있다. ⅳ) 廣告水準(광고비지출액/재고액)은 생산성과 정의 관계가 있다. ⅴ) 店鋪類型(하드웨어점포, 건축자재점)은 생산성과 관계가 있다. ⅵ) 店鋪所有形態(개인, 합작, 주식)는 생산성과 관계가 있다. ⅶ) 資金(從業員年間賃率)수준은 생산성과

California, Berkeley, pp.121 − 173.

72) R. F. Lusch and Soo Young, Moon, 1984, "An Exploratory Analysis of the Correlates of Labor Productivity in Retailing", *Journal of Retailing,* pp.37 − 61.

정의 관계가 있다. viii) 資本裝備率(減價償却費/給料總額)은 생산성과 정의 관계가 있다. ix) 店鋪規模(賣場面積)는 생산성과 관계가 있다.

그들의 가설과 같이 소매업 생산성에 영향을 미치는 변수는 입지, 점포규모, 점포소유 형태, 자금, 점포유형 등으로 나타났다.

⑤ 굿(W. S. Good)의 연구

굿(Good)은 소매식료품점을 대상으로 점포의 성과에 영향을 미치는 요인들에 대하여 연구를 하였다.[73] 프랜차이즈 가맹점의 성과를 부가가치에 대한 工數(man-hourse worked)의 비율로 측정하고, 점포의 규모, 설비 이용도, 사업조직 형태, 기술수준, 노동집약을 독립변수로 하여 점포 간 성과차이에 대한 영향력을 검정하였다.

실증분석 결과 매장면적으로 측정한 점포규모가 성과차이를 설명하는 가장 중요한 변수였으며 다음이 설비 이용도였다. 그리고 매장면적을 가지고 규모의 경제를 분석한 결과 22,023평방피트(약 619坪)까지는 규모의 경제가, 그 다음부터는 규모의 비경제(diseconomices of scale)가 발생하는 비선형 관계를 보어주었다.

⑥ 다우트(J. T. Doutt)의 연구

다우트(Doutt)는 프랜차이즈 가맹점화된 기업과 독립소매점으로

---

73) W. S. Good, 1984, "Productivity in the Retail Grocery Trade", *Journal of Retailing,* Vol.60, pp.81-97.

된 기업 간의 성과에 대한 차이를 비교하여 미국 패스트푸드체인점을 분석하였다.74) 그는 두 집단 간의 성과에 대한 차이는 점포의 소유 형태에서는 두 집단 간에 차이를 보이지 않았으나 자본규모에서는 프랜차이즈 가맹점화된 기업이 독립소매점으로 된 기업보다 우수한 성과를 보인다는 것을 발견하였다. 이는 가맹점 특성에 있어 소유 형태에 대해서는 프랜차이즈의 경우는 별다른 의미를 부여받지 못하나 자본규모에 있어서는 프랜차이즈 가맹점화된 기업이 우수하여 성장 잠재력이 있음을 발견한 것이다. 또한 점포의 면적이 커질수록 규모의 경제가 발생하여 유익하다는 것을 입증하였다. 따라서 이 경우 시간의 흐름에 따라 성과의 변화를 밝히는 동태적 분석이 이루어질 경우 두 집단 간의 성과에 대한 차이가 분명해질 것으로 판단된다.

그리고 다우트는 가맹점 특성 변수인 가맹점의 조직에 있어서 노동력과 종업원 수를 투입변수인 독립변수로 사용하고 이를 통하여 노동생산성을 산출하였다. 그 결과 프랜차이즈 가맹점화된 기업의 경우 노동생산성에서 그리고 종업원 수에서 독립소매점으로 된 기업보다 우수한 것으로 나타났다. 이는 프랜차이즈 가맹점화된 기업이 독립소매점으로 된 기업보다 가맹점 특성의 조직에서 효과적으로 나타나고 있음을 보여주는 것이다.

---

74) J. T. Doutt, op cit., pp.98 - 106.

⑦ 첼노프(Chernoff)의 연구

첼노프(Chernoff)는 Blinpie회사의 경영주들과 해당 가맹점을 대상으로 신규 가맹점의 자격 요건에 대해 회귀분석을 통하여 연구하였다. 그는 이 연구에서 전망이 있는 가맹점 선정기준으로 21가지의 가맹점 자격 요건을 제시하고 있는데 이들을 분류하여 보면 경영자 경험, 경영자 재무능력, 그리고 전략적 유연성 등으로 분류할 수 있다.75)

⑧ 아난드(Anand)의 연구

아난드(Anand))는 3년 이상 영업한 편의점 가맹점을 대상으로 가맹점의 속성과 성과 간의 관계에 대하여 연구하였다. 그는 이 연구에서 네 개의 성과 범주와 성과를 산출하는 과정을 설명하는 변수인 네 개의 속성으로 구분하여 성과 범주와 속성 간에 어떠한 관련이 있는지를 연구했다. 그는 본부 주도의 이익 발생, 본부 주도의 비이익 발생, 가맹점 주도의 이익 발생, 가맹점 주도의 비이익 발생이라는 네 가지의 성과 그룹을 설정하고 능력, 노력, 작업 곤란도, 행운을 종속변수로 하여 연구했다.

그 결과 본부 주도의 이익 발생 그룹은 그들의 성공이 본부의 능력과 노력에 기인한다고 믿고 있으며, 가맹점 주도의 이익 발생 그룹은 성공이 그들의 능력이나 노력에 기인한다고 믿는다. 아난드

---

75) H. Chernoff, 1985, *Franchise licencing: A Franchisor Selection Model,* Ph.D Dissertation, New York Univ., pp.107−121.

(Anand)는 이 연구에서 '가맹점 주도의 이익 발생 가맹점들의 성공 요인은 가맹점의 능력과 노력에 귀속하며 그 역도 성립한다'라고 주장했다. 그는 가맹점 특성과 관련해 가맹점이 처한 환경에 적응할 수 있도록 가맹점 자체에서 실시하는 영업수단으로서의 전략을 세워야 하고, 이것이 가맹점 성과에 영향을 미치는 요인으로 판단된다고 했다.[76]

⑨ 유영호의 연구 외 다수

유영호(1987)는 가맹점의 입지선정 기준에 대한 연구에서, 지역 특성, 경쟁 특성, 주민 특성, 특히 주민 특성은 입지형태에 따라 번화가, 번화가 및 주거지, 그리고 주거지 등으로 나누어 각 특성에 따라 입지선정이 다르며, 입지선정이 가맹점 성과의 중요한 요소임을 밝혔다.[77]

양재필(1991)은 소비자의 점포선택 행동에 영향을 미치는 요인으로서 종업원의 태도와 서비스가 중요하다고 지적하고 있다.[78]

신창락(1993)은 가맹점 전략 특성의 구성요소로서 가맹점 재무능

---

76) P. Anand, 1987, "Inducing Franchisees to Relinquish: An Attribution Analysis", *Journal of Marketing Research,* Vol.24 May, pp.215 - 217.

77) 유영호, 1987, **Fast Food 산업의 프랜차이징 도입에 따른 점포입지 전략에 관한 연구,** 한국외국어대학교 석사학위논문, pp.68 - 72.

78) 양재필, 1991, **한국패스트푸드 프랜차이즈에 있어 소비자의 점포선택 행동에 관한 실증적 연구,** 성균관대학교 경영대학원 석사학위논문, pp.46 - 47.

력, 경영자 경험 및 입지를 강조하고 있다.[79]

⑩ 김종훈(Jong hoon Kim)의 연구

김종훈은 가맹점 특성에 관하여 종업원에 대한 상호간의 협동, 사기, 만족 등을 자체 개발한 모형으로 측정하여 이를 가지고 마케팅 채널의 통합이 어떻게 이루어지는지를 연구하였다. 그 결과 상호간의 협력이 높을수록 통합이 쉽게 이루어졌으며, 종업원의 협동, 사기, 만족 등이 높은 경우 조직의 질이 높아 채널의 통합이 용이하였다. 갈등에 관해서는 그 반대로 나타났다.[80] 따라서 김종훈은 마케팅채널의 통합을 위해서는 종업원의 협력, 사기, 만족 등의 가맹점 특성이 중요한 변수임을 주장하고 있다.

⑪ 트레보(S. M. Trevor)의 연구

트레보(Trevor)는 채널성과 향상을 위한 연구에서 가맹점 특성을 강조하고 있다. 그는 채널의 성과는 비공식적 조직보다는 공식적 조직에 의해 나타나고 있음을 밝히고 채널조직의 성과를 향상시키기 위해서는 비공식 조직보다는 공식적 조직을 강화해야 함을 주장하고 있다.

---

79) 신창락, 1994, **프랜차이즈 가맹점의 성과결정요인에 관한 연구,** 국민대학교 대학원 박사학위논문, pp.93 – 95.
80) Jong hoon Kim, 1989, *The Effect of Marketing – Channel Integration on Channel Performance: A Coutingency View,* University of Georgia, Ph.D. pp.55 – 255.

그는 완전한 체인과 불완전한 체인을 구분하여 연구하였는데, 조직성과는 불완전한 체인에서보다 완전한 체인에서 우수하게 나타났으며, 비공식적 조직보다는 공식적 조직에서 조직성과가 나타났음을 밝혀 주고 있다.[81]

⑫ 루이스(M. C. Lewis)와 램버트(D. M. Lambert)의 연구

루이스(Lewis)와 램버트(Lambert)는 채널멤버의 성과에 관한 논문에서 가맹점 특성에 관한 가설로서 ⅰ) 프랜차이즈 종속수준 결정은 프랜차이즈 재투자에 직접 영향을 줄 것이다. ⅱ) 프랜차이즈 가맹점의 재투자 수준 결정은 프랜차이즈 가맹점의 성과에 직접 영향을 줄 것이다. ⅲ) 프랜차이즈 가맹점의 성과는 가맹점의 신용에 직접 영향을 줄 것이다. ⅵ) 프랜차이즈 가맹점을 가지고 있는 사장의 역할에 따라 가맹점의 만족 정도가 달라질 것이다 등을 설정하고 이를 검정하였다. 이를 요약하면 가맹점 특성인 재투자액, 재투자 수준, 사장의 역할, 신용 등을 연구한 것인데, 그 결과를 보면 이들 변수 모두 받아들여졌으며, 이 프랜차이즈 從屬水準은 재투자액, 해당 기간의 성과, 프랜차이즈 가맹점의 신용, 사장의 역할 등에 영향을 받고 있다는 것이다.[82] 이 연구는 가맹점 특성 중에서

---

81) S. M. Trevor, 1989, *"Relational Contract Theory as a Framework for Assessing Channel Perormance",* The University of Wiscosin-Madison, Ph.D. pp.1-214.

82) M. C. Lewis and Lamvert D. M., 1991, "A Model of Channel Member Performance, Dependence, and Satisfaction", *Journal of*

재투자액과 경영자의 행동에 대한 관계를 밝혔다는 점에서 의미가
있다고 판단된다.

〈표 Ⅲ.1〉 가맹점 특성

연구자(연구년도)	특성변수
Hall, Knapp와 Winstern(1955)	1인당 소득, 인구밀도, 인구성장률, 정착기간
Tathman, Douglass와 Bush(1972)	신용과 재무상태, 개인의 업무수행능력, 과거의 경영경험, 적절한 사업동기, 교육배경 등
Takeuch(1977)	시장요소(평균거래규모, 점포경과연수, 경쟁도, 입지) 기술요소(기술수준, 설비이용도, 가공활동의 종합정도, 특별서비스의 수준, 제품구색, 경영자의 자질, 종업원의 자질)
Lusch 와 Moon(1984)	입지, 점포규모, 점포소유 형태, 점포유형
Good(1984)	점포규모, 점포의 설비이용도
Doutt(1984)	노동력, 종업원 수
Chernoff(1985)	21개의 가맹점 자격요건(경영자의 경험, 가맹점의 재무능력, 전략적 유연성)
Jonghoon kim(1989)	종업원의 사기·만족·협동
Lewis 와 Lambert(1991)	재투자액, 재투자 수준, 사장의 역할, 가맹점의 신용
유영호(1987)	입지선정
양재필(1991)	종업원의 태도와 서비스
신창락(1993)	가맹점의 재무능력, 경영자의 경험, 입지

Retailing, Vol.67, pp.205－225.

(2) 本部特性論

① 헌트(Hunt)와 네빈(Nevin)의 연구

헌트(Hunt)와 네빈(Nevin)은 프랜차이즈 시스템에 관련된 "Full Disclosure" 법안의 효과에 대한 연구를 통해 동 법안이 시행됨으로써 본부가 가맹점에 정확한 정보를 제공하도록 하여 가맹점의 투자 결정이 잘못 이루어지는 빈도를 크게 줄였다고 보고하였다. 이 연구에서는 본부가 가맹점에 정확한 정보를 제공해야 한다고 보고, 그렇게 되기 위해서는 "Full Disclosure" 법안의 규정이 강화되어야 함을 강조하고 있다.

② 릴리스(Lillis), 나라야나(Narayana)와 질만(Gilman)의 연구

릴리스(Lillis), 나라야나(Narayana)와 질만(Gilman)은 프랜차이즈 라이프사이클(life cycle) 4단계와 혜택 간의 관계에 관한 연구에서 혜택에 대한 중요성의 인식은 기업의 라이프사이클에 따라 다르고, 본부에 의한 가맹점 동기부여를 가장 중요한 혜택으로 인식하여, 시장진입과 자본에 대한 위험분산의 혜택이 다음의 순임을 강조하였으며, 가맹점 동기부여는 훈련에 의해 이루어진다고 하였다.[83]

---

83) C. M. Lillis, Nnayana C. L. and Gilman J. L., 1976, "Competitive Advantage Variation over the Life Cycle of a Franchise", *Journal of Marketing,* Vol.40, October, pp.77－80.

③ 다우트(J. T. Doutt)의 연구

다우트(Doutt)는 미국 패스트푸드체인에 있어서 성과에 대한 연구를 하였는데, 소매업의 프랜차이즈 가맹점화된 기업과 독립소매점으로 나누어 기업 간의 성과차이를 비교하여 분석하였다. 그는 가설을 프랜차이즈 가맹점화된 기업이 독립소매점으로 된 기업보다 성과에서 우수하다고 가설을 설정하고 독립변수로 소유 형태, 자본규모, 노동력, 서비스 제공방법, 잠재성장력 등을 설정하고, 성과인 생산성을 설비당 부가가치, 단위당 원가, 서비스 능력, 식당가치, 고객수요 등을 종속변수로 설정하여 회귀분석을 하였다. 그 결과 전체적으로는 프랜차이즈 가맹점화된 기업과 독립소매점으로 된 기업 사이에 성과의 차이는 발견할 수 없었으나 독립변수인 서비스 제공방법과 노동력, 그리고 자본에 있어서는 프랜차이즈 가맹점화된 기업이 독립소매점으로 된 기업보다 우수한 성과를 보이는 것으로 나타났다. 이것은 프랜차이즈 가맹점화된 기업이 독립소매점화된 기업보다 서비스 제공방법이나 노동력, 그리고 자본의 조달능력 면에서 우수하다는 것을 보여주는 것으로 프랜차이즈 본부와 가맹점의 관계가 주료 서비스 제공방법이나 노동력, 그리고 자본의 지원 등에 있어서 효과적으로 영향을 미치고 있음을 입증하고 있다.

이 논문은 프랜차이즈의 가맹점에 가입된 기업과 독립소매점으로 된 기업 간의 성과차이를 생산성으로 분석한 것으로서, 그 성과차이가 분명하게 나타나 있지 않았으나, 성과차이 분석에 대한 기본 모델을 제시하였다는 데 그 의미를 부여할 수 있을 것이다.

④ 야바스(U. Yavas)와 하비브(G. Habib)의 연구

야바스(Yavas)와 하비브(Habib)는 프랜차이즈 본부 특성에 있어서 자동차 딜러 체인에 대하여 프랜차이즈 본부에 대한 가맹점의 만족에 관한 연구를 하였다. 이들은 프랜차이즈 시스템 구성이 본부에 대한 가맹점의 만족 정도에 기인한다고 보고 이들 만족의 원천이 어디에 있는지를 연구하였다.

이 연구에서 프랜차이즈 시스템 구성원으로서의 만족은 자동차 제조업자인 본부의 명성을 첫 번째로 꼽았으며, 두 번째로는 본부의 광고 활동과 교육 등을, 그리고 본부의 부품 공급능력 등을 주요 만족요인으로 꼽았다.

⑤ 스턴(Louis W. Stern)과 엘 앤사리(Adel I. El-Ansary)의 연구

스턴(Stern)과 엘 앤사리(El-Ansary)는 모든 가맹점들은 계속적으로 본부의 제품과 서비스를 제공받기를 원하는데 이런 제품과 서비스의 제공은 전통적 유통기관들에 의하여 제공되는 것과는 달리 양적, 질적으로 일관성을 가지며 본부는 촉진활동을 시장개척, 이미지 개발 등으로 가맹점이나 소비자로부터 자동적이고 즉각적인 호응을 기대하면서 가맹점들은 본부가 다음과 같은 점을 지원해 주기를 지적하고 있다.

첫째, 본부가 제공하는 초기의 서비스로는 시장조사와 위치선정, 설비설계와 배치, 임대협상의 자문, 재무자문, 영업방식, 관리자 교육훈련에 관한 프로그램, 점포 종업원에 대한 교육 등이 있다.

둘째, 본부가 계속적으로 제공하는 서비스로는 현장감독, 판매와 촉진활동, 관리자와 고용인의 재교육, 품질검사, 전국광고, 중앙집중구매, 시장정보와 지도, 감사와 장부기록, 관리자 보고서 작성, 조직의 보험계획 등을 들고 있다.

이와 같은 프랜차이즈 본부의 초기 및 계속적 지원에 대해 대부분의 본부들은 현장지원에 대한 계속적인 프로그램을 가지고 가맹점의 경영성과를 향상시키기 위하여 영업지원을 해야 한다고 스턴과 엘 엔사리는 지적하고 있다.

⑥ 김종훈(Jonghoon Kim)의 연구 외 다수

김종훈은 프랜차이즈 채널통합에 있어서 가맹점의 성과에 관한 연구에서 프랜차이즈 시장을 통합하는 데 있어서 그 성과는 어느 경우에 효과적인 성과를 가져다주고 있는지에 대해서 연구하였다.[84] 그는 마케팅 채널통합의 유효성을 연구하기 위하여, 본부에서 가맹점에 제공하는 기회 제공, 정보교환, 광고 등의 변수를 사용하였는데, 이러한 변수들의 값이 높으면 높을수록 채널통합이 용이하고 흡인력이 있음을 발견하였다.

이는 프랜차이즈를 구성할 경우 어느 시섬에 구싱히는 것이 유리한 것인지를 알아보는 데 유용하며, 채널의 통합은 기업의 상황에 따라 다른데, 결국 기업 내부의 질적인 요소와 프랜차이즈 본부가 가맹점에 성과를 높일 수 있는 기회를 많이 제공하면 할수록 프랜

---

84) Jong hoon Kim, op. cit., pp.72－232.

차이즈 성과는 우수하게 나타난다는 것이다.

양재필(1991)은 소비자의 점포선택 행동에 영향을 미치는 점포속
성 변수로서 제품의 질, 행동패턴속성 변수로서 정보 및 지식원 즉,
광고의 역할이 중요한 변수임을 입증하였다.[85] 신창락(1993)도 가
맹점 성과에 대한 결정요인으로서 본부 특성 변수인 영업지원을 중
요한 변수로 주장하였다.[86]

〈표 Ⅲ.2〉 본부특성

연구자(연구년도)	특성변수
Hunt와 Nevin(1976)	정보제공
Lillis, Narayana와 Gilman(1976)	동기부여, 시장진입, 자본의 위험분산
Doutt(1984)	노동력, 자본력, 서비스 제공방법, 소유 형태
Yavas와 Habib(1987)	본부의 명령, 광고활동, 교육, 부품공급능력
Stern과 El-Ansary(1988)	시장조사와 입지선정, 설비설계와 배치, 영업방식, 관리자와 종업원의 교육, 현장감독, 전국광고 등
김종훈(1989)	기회 제공, 정보교환, 정책, 광고
양재필(1991)	제품의 질, 정보, 광고
Smith(1993)	의사교환, 훈련, 문제해결 또는 지원
신창락(1993)	영업지원

---

85) 양재필, 전게논문, pp.42-69.
86) 신창락, 전게논문, pp.93-96.

(3) 競爭特性論

① 러쉬(R. F. Lusch)의 연구

러쉬(Lusch)는 소매점 운영에 있어서 성과결정요인에 관한 경쟁 특성을 연구하였다.[87] 그는 일정한 상권에 기존의 가맹점이 형성되어 있음에도 불구하고 새로운 가맹점을 설치할 경우 경쟁에 대한 연구를 하였는데, 이는 기존의 학자들이 두 가지 결과가 있다고 하였는데, 첫째는 새로운 가맹점을 설치하게 되면 상호경쟁을 통하여 성과가 늘어난다는 것이고, 둘째는 가맹점이 새로이 증가하면 가맹점 상호간의 경쟁으로 인하여 당연히 성과가 줄어든다는 것이다. 그는 연구방법을 가맹점의 수가 증가함에 따른 성과의 변화를 회귀분석에 의하여 분석하였는데, 그 결과 가맹점의 수가 증가함에 따라 갈등이 증가하고 이에 따라 성과가 감소하고 있음을 발견하였다.

이는 가맹점의 증가가 소비자에 대한 인지도의 증가로 인하여 성과 증가의 요인보다는 가맹점의 증가로 경쟁이 심해져서 갈등의 증가 요인이 되어 성과가 감소하는 것으로 이해할 수 있다.

② 켈리(J. S. Kelly)와 피터스(J. I. Peters)의 연구

켈리(Kelly)와 피터스(Peters)는 프랜차이즈 가맹점 간의 비교 연구에서 가맹점의 상호경쟁을 변수로 연구하였는데, 이들은 패스트푸

---

87) R. F. Lusch, 1976, "Channel Conflict: Its Impact on Retailer Operating Performance", *Journal of Retailing,* Vol.52, pp.3－12.

드, 호텔 및 모텔, 자동차, 산업재, 소비재 등의 가맹점 집단을 구분한 후에 이들 간의 상권만족도를 분석한 결과 자동차 가맹점의 경우가 가장 만족도가 낮았으며, 호텔 및 모텔의 경우가 가장 긍정적인 것으로 나타났다.[88] 이는 업종별 경쟁에 대한 만족도를 비교하여 분석하였다는 점에서 의의가 있다고 할 수 있다.

③ 고쉬(A. Ghosh)와 크레이그(C. S. Craig)의 연구

고쉬(Ghosh)와 크레이그(Craig)는 새로운 가맹점의 설치에 대한 상권선정의 결정은 가맹점을 상권적인 관점에서 설치 구성함으로써 발생하는 성과와 가맹점을 구성함으로써 발생하는 기존 가맹점이 입을 수 있는 손실과 유사업종 간의 경쟁 등을 동시에 고찰하여야 한다는 모델을 제시하고 있다.[89]

가맹점화를 결정하는 의사결정자는 총성과를 극대화하기 위해서는 라이선스나 로열티로 얻는 이익을 고찰하고 다른 한편으로 기존의 가맹점들에 대한 성과가 줄어들지 않도록 유사업종 간의 경쟁에 대한 갈등을 제거하는 데 더욱 노력을 해야 하는 양면성이 존재하므로 지속적인 성장을 추구하는 전략을 구사할 경우 의사결정자는

---

88) J. S. Kelly and Peters J. I., 1977, "Vertical Conflict: A Comparative Analysis of Franchisess and Distributors", *AMA Educators Proceedings,* Series 41, American Marketing Association, pp.380 - 384.

89) A. Ghosh and Craig C. S., 1990, "Minimizing Spatial Comflict in Franchise Distribution Systems", *AMA Educators Proceedings,* AMA, p.260.

이러한 상호간의 관계를 동시에 고찰해야 한다고 주장하였다.

〈표 Ⅲ.3〉 경쟁특성

연구자(연구년도)	특성변수
Lusch(1976)	가맹점 간의 상호경쟁
Kelly와 Peters(1977)	유사업종 간의 경쟁
Ghosh와 Craig(1990)	유사업종 간의 경쟁
신창락(1993)	가맹점의 상호경쟁, 유사업종 간의 경쟁

(4) 關係特性論

① 러쉬(R. F. Lusch)의 연구

러쉬(Lusch)는 소매점 운영에 있어서 성과에 관한 연구를 통해 채널 간의 갈등을 중심으로 연구하였는데, 이 논문은 프랜차이즈가 설치되어 있는 장소에 새로운 프랜차이즈가 더 많이 증가할 경우, 각 프랜차이즈 가맹점화된 기업은 갈등을 겪게 될 것이고 그 결과 성과는 어떻게 변화될 것인가에 관하여 연구하였다.

이제까지 이에 대한 논란은 두 가지가 있었는데 상호 상반된 주장이었다. 첫 번째 주장은 프랜차이즈가 늘어나면 상호공생을 통하여 성과가 늘어난다는 주장이고 두 번째는 그 반대의 주장이다. 러쉬는 이 문제에 대하여 실증적으로 검토해 보고자 하였다.

그는 가설을 ⅰ) 프랜차이즈가 증가함에 따라 이익은 증가할 것이다. ⅱ) 프랜차이즈가 증가함에 따라 이익은 감소할 것이다. ⅲ)

프랜차이즈가 증가함에 따라 어느 정도까지는 증가하다가 일정 수준이 지나면 감소할 것이라고 가설을 설정하고 분석한 결과 프랜차이즈 가맹점의 증가에 따라 갈등이 증대하고 이익이 감소하는 데 유의적이었다.[90] 이 연구에서는 일반적으로 프랜차이즈의 가맹점이 증가하면 이익이 처음에는 증가하다가 일정 수준 후에는 감소하는 것으로 이해할 수 있으나, 프랜차이즈 가맹점에 대한 수가 증가하면 이익이 줄어든다는 종전의 연구결과를 다시금 확인하였다.

② 귤티난(Guiltinan)의 연구

귤티난(Guiltinan)은 채널 유통망에 있어 구성원들의 활동과 의사결정에 대한 조정이 특히 프랜차이즈 시스템의 성공에 있어서 필수적인 요소가 된다는 가정 아래, 대규모 패스트푸드 프랜차이즈 가맹점을 대상으로 독립변수를 본부의 권위, 가맹점 영향력, 설득적 의사소통의 지원, 자율성, 불확실성으로 놓고 종속변수를 조정수준으로 하여 회귀분석을 한 결과, 채널 의사소통의 효과 정도, 불확실성을 줄이는 정도, 의사결정 참여도 등이 조정에 영향을 미치는 것으로 나타났다.[91]

귤티난(Guiltinan)은 프랜차이즈 시스템에 있어서 조정은 채널 성공, 특히 프랜차이즈 시스템의 성공에 필수적인 요인이며, 의사소통

90) R. F. Lusch, op. cit., pp.3 - 12.
91) 김호연, 1999, **프랜차이즈 형태의 외식업 가맹점 성과결정요인에 관한 연구,** 성신여자대학교 석사학위논문, pp.47 - 48.

효과의 정도, 불확실성을 줄이는 정도와 구성원들의 의사결정 참여도는 조정수준에 영향을 준다고 주장하였다.

③ 시블리(S. D. Sibley)와 미치(D. A. Michie)의 연구

시블리(Sibley)와 미치(Michie)는 프랜차이즈 채널에 있어서 프랜차이즈 본부와 가맹점 상호간의 협력관계에 대해 연구하였다. 그들은 가설을 프랜차이즈에 대한 응집력이 크면 클수록 프랜차이즈 본부와 가맹점 간의 협력관계는 크게 나타날 것이라는 가설을 설정하고 이를 실증적으로 분석 검정하였다. 그 결과 이들의 가설은 채택되었으며, 응집력을 키울 수 있는 방법으로서 훈련, 잠재구매력의 개발, 정책 등의 요인을 제시하였다.[92] 이들의 연구는 프랜차이즈 본부와 가맹점 간의 협력에 의한 집단적 성장모델을 제시하였다는 점에서 평가할 만하다.

④ 칠더스(T. L. Childers)와 루커트(R. W. Ruekert)의 연구

칠더스와 루커트는 보험업 유통에 관한 연구에서 보험회사의 보험업 대리점을 내싱으로 협력관계에 대한 연구를 하였다.[93] 이의

92) S. D. Sibley and Michie D. A., 1982, "A Exploratory Investigation of Cooperation in a Franchise Channel", *Journal of Retailing,* Vol.58, pp.15 – 36.
93) T. L. Childers and Ruekert R. W., 1987, *"Toward A Model of Cooperative Sentiments and their Antecedents in Channels of Distribution",* Work Paper, University of Minnesota, pp.1 – 29.

연구에서 보험업 유통에 관한 조사를 통하여 협력관계의 인지적 요인들에 대한 개념적 정의를 개발하였으며, 이러한 개념들을 통합하는 이론적 모델을 개발하였다. 연구결과는 협력관계와 갈등은 채널 내에 동시적으로 존재하고 있으며, 채널구성원 간의 신뢰는 협력관계를 증가시키고, 신뢰의 인지는 두 조직 간의 갈등을 감소시킨다고 하였다.

⑤ 김종훈(Jong hoon Kim)의 연구

김종훈은 마케팅 채널통합에 있어서 성과에 관한 연구에서 프랜차이즈 시장을 통합하는 데 있어서 그 성과는 어느 경우에 효과적인 성과를 가져다주고 있는지에 대해서 연구하였다. 그는 마케팅 채널통합의 유효성을 연구하기 위하여 협력관계를 변수로 사용하였는데, 이러한 변수들의 값이 높으면 높을수록 채널통합이 용이하고 흡인력이 있음을 발견하였다.

이는 프랜차이즈를 구성할 경우 어느 시점에 구성하는 것이 유리한 것인지를 알아보는 데 유용하며, 채널의 통합은 기업의 상황에 따라 다른데, 결국 기업 내부의 질적인 요소가 좋으면 좋을수록 프랜차이즈 성과는 우수하게 나타난다는 것이다.[94]

⑥ 트레보(S. M. Trevor)의 연구

트레보는 채널성과 향상을 위한 관계 이론의 연구를 통하여 프랜

---

94) Jong hoon Kim, op. cit., pp.245－255.

차이즈 멤버 상호간의 관계에 영향을 주는 요인과 멤버 상호간의 성과에 영향을 주는 요인 등을 검토하였다.

그는 멤버 상호간의 관계는 완전한 체인과 불완전한 체인 상태 간에 성과차이가 있다는 가설을 설정하고 연구하였는데, 멤버 상호간에는 완전한 체인 상태 간에 성과차이가 있다는 가설을 설정하고 연구하였는데, 멤버 상호간에는 완전한 체인이든 불완전한 체인이든 모두 상호간의 관계가 성과에 영향을 미친다고 나타났는데, 멤버 상호간의 관계는 비공식적 조직을 활용하는 것보다 공식적 조직을 활용할 때 상호간의 관계에 대한 질이 높게 나타난다고 하였다.[95]

이는 채널 간의 관계에 있어서 채널 상호간의 공식적 관계가 채널조직의 성과를 향상시킬 수 있음을 보여준 것으로서 프랜차이즈의 경우 멤버 상호간에 비공식적 조직의 가동에 대한 어려움과 공식적 조직으로서의 유용성을 나타낸 것으로 이해할 수 있다.

⑦ 루이스(M. C. Lewis)와 램버트(D. M. Lambert)의 연구

루이스(Lewis)와 램버트(Lambert)는 채널멤버의 성과와 프랜차이즈 종속관계 여부, 그리고 만족모델에 관한 연구를 하였는데, 프랜차이즈의 성과는 완전한 프랜차이즈와 부분 종속관계의 프랜차이즈 중에서 어느 경우가 우수하게 나타나고 있는지 분석하였다.

---

95) S. M. Trevor, op. cit., pp.198 - 214.

<표 Ⅲ.4> 관계특성

연구자(연구년도)	특성변수
Lusch(1976)	갈등
Guiltinan(1980)	조정
Sibley와 Michie(1982)	협력
김종훈(1989)	협력
Childers와 Ruekert(1989)	협력, 갈등
Trevor(1989)	멤버 상호간의 관계
Lewis와 Lambert(1991)	종속수준
신창락(1993)	협력, 갈등

이들은 여러 가지 요인으로 연구하였는데, 관계 특성에 관한 가설을 보면 프랜차이즈 종속수준 결정은 성과에 직접 영향을 줄 것이라는 가설로 독립변수를 종속수준으로 하고 종속변수를 성과로 하였다. 그 결과 프랜차이즈 종속수준에 따라 성과를 달리함을 발견하였는데, 이는 프랜차이즈 종속수준 결정은 어떻게 이루어지고 있는지에 관하여 프랜차이즈 가맹점 전략을 제시하고 있다. 그리고 기존의 프랜차이즈 가맹점화된 기업들에 가장 중요한 요인이 무엇인지를 밝혀주고 있으며, 이 요인에 만족하면 프랜차이즈 종속수준이 완전한 경우 성과가 우수함을 입증하고 있다.

<표 Ⅲ.5> 成果要因에 관한 先行研究의 要約

연구자	표 본	연구과제	분석방법	변 수	결 과
Hall Knapp Winsten (1961)	식료품점 의류점	프랜차이즈 가맹점의 성과에 관한 연구	회귀분석	종) 1인당 매출액, 풀 타임 종업원. 독) 1인당 소득, 인구 성장률, 인구밀도, 정착기간.	모두 유의적이나 인구 밀도는 유의적이지 못함.
George (1966)	영국 160개 도시소매점	가맹점의 성과에 영향을 미치는 요인 연구	회귀분석	종) 1인당 매출액, 풀 타임 종업원. 독) 1인당 소득, 노동력 확보 가능성, 체인점포의 판매액 비율, 점포비율.	유의적임.
Tathman, Douglass, Bush (1972)	프랜차이즈 가맹점	가맹점 선발기준으로서의 가맹점 경영자의 자격요건	상관분석	독) 신용과 재무상태, 개인의 업무수행능력, 과거의 경영경험, 적절한 사업동기, 교육배경, 연령 종) 시스템 성공	신용과 재무상태, 개인의 업무수행능력, 과거의 경영경험, 적절한 사업동기, 교육배경 등이 유의적임.
Hunt, Nevin (1976)	Wisconsin 주 소재프랜차이즈 본부 및 가맹점	Full Disclosure 법안의 효과	무작위로 선정된 통제그룹으로 구성된 사전-사후그룹	독) 법안의 요구사항, 본부가 전망 있는 가맹점을 잘못 안내하는 행위에 대한 방어, 가맹점의 투자결정. 종) 본부의 반응 정도, 성공의 실현 정도, 영향력 실현 정도	· 본부가 전망 있는 가맹점을 잘못 인도하는 빈도를 크게 줄임. · 법안에서 강화된 규정이 필요함.
Lillis, Narayana, Gilman (1976)	패스트푸드 산넙 123개 프랜차이즈 본부	프랜차이즈 Life Cycle 4단계와 혜택과의 관계	Kruskal – Wallis One–Way Analysis	독) 4단계 Life Cycle 과 자본유입, 시장 진입, 위험분산, 동기부여 된 경영주의 혜택 종) 중요성의 정도	· 본부들에 의한 가맹점 동기부여는 가장 중요한 혜택으로 인식, 시장진입, 자본에 대한 위험분산 순으로 유의적임. · 혜택에 대한 중요성의 인식은 기업의 Lire Cycle에 따라 다름

146

연구자	표 본	연구과제	분석방법	변 수	결 과
Lusch (1976)	신차판매점 20000개	채널갈등과 가맹점 경영성과 간의 관계	회귀분석	독) 채널갈등 종) 가맹점 경영성과	본부와 가맹점 간 갈등 수준이 증가할수록 가맹점 경영성과는 낮아짐.
Kelly, Peters (1977)	프랜차이즈 가맹점	프 랜 차 이 즈 가맹점 간의 상권만족도에 관한 연구	t-test	독) 패스트푸드, 호텔 및 모텔, 자동차서비스, 산업재 유통업, 소비재 유통업. 종) 의견 불일치의 행태 정도	산업별로 유의적임.
Buckin (1987)	미국과 일본의 소매업	일본과 미국 소매업의 성과 결정 요인 및 차이 연구	회귀분석	독) 1인당 매출액, 풀타임 종업원 종) 인구당 소매점포 수, 소매업의 백화점 비중 임금수준, 1인당 소득, 인구밀도, 인구성장률.	유의적임.
Guiltinan (1980)	대규모의 패스트푸드 프랜차이즈 가맹점	채널 유통망에 있어 구성원들의 활동과 의사결정에 대한 조정이 특히 프랜차이즈 시스템의 성공에 있어서 필수요소	회귀분석	독) 본부의 권위, 가맹점 영향력, 설득적 의사소통, 지원, 자율성, 불확실성. 종) 조정수준	채널 의사소통의 효과 정도, 불확실을 줄이는 정도, 의사결정 참여도 등이 조정에 영향을 미치는 것으로 나타남.
Zeller Achabal Brown (1980)	패스트푸드 산업	프랜차이즈점의 성과에 잠재수요와 고객수요가 미치는 영향	모델링 및 민감도 분석	종) 고객수요 독) 인구통계학적 변수	잠재수요 및 고객욕구의 다양성이 유의함.
Ingene (1982)	식료잡화점	식료잡화점의 1인당 매출액에 대한 성과요인	회귀분석	종) 1인당 매출액, 독) 자본집약도, 평균점포규모, 인구당 매장 면적비율, 인구성장률, 경쟁 정도, 소득, 평균가계규모, 가계수송 정도, 교통혼잡도	모두 유의적이나 인구성장률은 비유의적이며 평균점포규모는 가설과 반대의 결과.

연구자	표 본	연구과제	분석방법	변 수	결 과
Sibley Michie (1982)	농기구 가맹점	채널구성원 사이의 협력 은 조직이 조 직화된 채널 시스템으로 운영하는 데 필수요소임	다변량 회귀분석	독) 강제적 힘의 원천 변수인 장비의 불 공정한 배분, 관료 적 형식주의 행위, 비강제적 힘의 원 천변수인 판매사원 매출장려액, 적절한 제품조달방법, 판매 사원 훈련지원, 광 고지원 종) 본부와 가맹점 간 의 협력	프랜차이즈 시스템에 있어서 채널 간의 협 력은 본부의 비강제적 힘의 원천에 정의 관 계가 있고, 반면에 채 널협력과 본부의 강제 적 힘의 원천 간에는 부의 관계가 성립하지 않음.
Doutt (1984)	패스트푸드 가맹점과 독립 소매점	가맹점과 독 립소매점 간 성과차이의 비교분석	회귀분석	독) 노동력, 자본력, 서 비스 제공방법, 소 유 형태 종) 설비당 평균부가가 치, 단위당 원가, 노동생산성, 서비스 제공능력, 자본수익 률	단위당 원가 외에는 전 체적으로 가맹점이 독 립소매점보다 성과가 높은 것으로 나타남. 이는 가맹점이 독립소 매점보다 노동력, 서비 스 제공방법, 자본 조 달능력, 자본 수익률이 높다는 것을 의미함.
Lusch, Moon (1984)	하드웨어 점포	노동생산성과 가장 관련이 있는 변수를 분석	회귀분석	독) 한계 부가가치, 노 동생산성 종) 점포입지, 가격수 준, 제품구색, 광고, 점포유형, 소유 형 태, 임금, 점포규모.	노동생산성과 가장 관 련이 있는 변수는 임 금, 너무 크지도 작지 도 않은 최적규모의 점포면적을 가져야 함.
Good (1984)	식료품 소매점	점포와 성과에 영향을 미치는 요인	회기분석	독) 점포의 규모설비 이 용도, 사업조직 형 태, 기술수준, 노동 집약도 종) 점포 간 성과차이	매장면적으로 측정한 점포규모가 성과차이 를 설명하는 가장 중 요한 변수였으며, 다음 이 설비이용도임.
Chemoff (1985)	Blinpie 회사의 경영주들과 해당가맹점	신규 가맹점 선정 시 가맹점 자격요건	회귀분석	독) 21개의 가맹점 자 격요건 종) 10가지 가맹점 성 공 기준	유의적임.

연구자	표 본	연구과제	분석방법	변 수	결 과
유영호 (1987)	장터국수 및 주변 경쟁업소	가맹점입지 선정기준	다변량 회귀분석	독) 지역 특성(점포주변 인구 통행량), 경쟁 특성(주위 반경100m 이내의 경쟁업소 수, 경쟁업소의 매출액), 주민 특성(입지형태).	· 규모에 있어 번화 가, 주거지 및 변화 가는 정의 효과, 주 거지는 부의 효과. · 통행량, 경쟁업소와 거리는 정의 효과. · 경쟁업소수가 많을 수록 변화가는 정의 효과, 나머지는 부 의 효과 · 경쟁업소 식사고객 수가 많을수록 번화 가, 주거지 및 번화 가는 정의 효과, 주 거지는 부의 효과.
Anand (1987)	3년 이상 영업한 편의점 가맹점	성과를 높이 기 위해 가맹 점이 속성을 선택하는 과 정을 설명함 으로써 속성 이론을 제시	회귀분석	독) 본부주도 이익 발 생, 본부주도 비이 익 발생, 가맹점 주 도 이익 발생, 가맹 점 주도 비이익 발 생 그룹. 종) 능력, 노력, 작업, 곤란도, 행운.	· 본부 주도 이익 발 생 그룹은 그들 성 공이 본부의 능력과 노력에서 기인한다 고 봄. · 가맹점 주도 이익 발생 그룹은 성공이 그들 능력이나 노력 에서 기인된다고 믿 고, 가맹점 주도의 비익발생 그룹은 그 역이 성립됨.
Yavas, Habib (1987)	자동차 딜러체인	본부에 대한 가맹점 만족의 원천	상관분석	독) 만족원천 용인에 대한 중요 순위 종) 가맹점의 만족 정도	주요 만족의 원천은 본부의 명령 본부의 광고 및 교육 본부의 부품공급능력임.
Childers, Rukert (1987)	보험업 가맹점	프 랜 차 이 즈 가맹점 간의 협력관계가 성과에 미치 는 영향을 연구	상관분석 구조적 모델링	독) 갈등, 신뢰인지, 목 표적합성의 인지, 인지적 명확성, 가 맹점 파트너의 심리 적 평가.	모두 유의적이나 가 맹점파트너의 심리적 평가는 비유의적임

연구자	표 본	연구과제	분석방법	변 수	결 과
Trevor (1989)	중대형 트럭 소매장	프랜차이즈 멤버 상호간의 관계와 성과에 영향을 주는 요인	회귀분석	독) 체인결합의 완전도, 조직의 공식화 정도 종) 채널성과(재무적 만족, 만족성과, 계량적 성과)	멤버 상호간에는 완전한, 불완전한 체인 모두 상호간의 관계가 성과에 영향을 미친다고 나타났는데, 멤버 상호간의 관계는 비공식 조직보다는 공식조직을 활용할 때 질이 높게 나타남
김종훈 (1989)	소프트웨어를 제외한 컴퓨터 관련업체	프랜차이즈 시장을 통합하는 데 있어 효과적 성과를 산출하는 방법	상관분석	독) 상황적합변수(제품, 생산, 구매), 마케팅활동(협동, 사기, 기회 제공, 갈등, 만족, 정보제공) 종) 채널통합 정도 및 용이도.	·본부에서 가맹점에 제공하는 기회 제공, 정보교환, 정책, 광고 등의 변수를 사용했는데, 이러한 변수들의 값이 높을수록 채널통합이 용이하고 흡인력이 있음을 발견함. ·협력관계 변수 값이 높을수록 채널통합이 용이하고 흡인력 높음.
Lewis, Lambert (1991)	229개의 가맹점을 가진 한 개의 패스트푸드 프랜차이즈 시스템	채널 멤버간의 성과만족, 종속관계에 대한 규명	Multiple Group Analysis Lisrel	독) 재투자, 종속수준. 매) 성과, 신용 다차원적 역할에 대한 만족 종) 역할에 대한 전체적 만족, 시스템에 재참여 의도, 성과	·가맹점 성과는 본부의 역할 성과에 대한 만족에 간접적으로 유도됨. ·가맹점의 신용은 가맹점의 성과와 본부의 역할에 대하 만족 간의 관계를 조정함. ·본부의 역할성과에 대한 가맹점의 만족은 본부의 역할 성과에 대한 전체적 만족에 영향을 줌 ·프랜차이즈 종속수준에 따라 성과가 달라짐

연구자	표 본	연구과제	분석방법	변 수	결 과
양재필 (1991)	패스트푸드 (햄버거) 가맹점	점포선택 행동에 영향을 미치는 요인	교차분석 분산분석 카이스퀘어 검증, t-test	독) 점포속성(제품 질, 제품구색, 점포 내 분위기), 소비자 속성, 인구통계적 변수(성별, 연령, 결혼 여부 등), 행동패턴변수(정보), 종) 특정점포, 점포평가	·질, 종업원 태도, 서비스가 중요 ·점포속성별 점포 간 유의성 검증에서 모든 속성에서 점포별로 다르게 평가 ·직업, 정보 및 지식원, 이용이유, 이용 횟수에 따라 특정점포 선호.
Smith (1993)	20산업체 중 41개 본부를 대표하는 636가맹점	본부와 가맹점 간 관계를 강조	기술적 연구	독) 의사소통, 훈련, 지원, 전략적 유연성, 외부지원, 가맹점 운영특성, 기대, 갈등. 종) 만족, 재무적 목표.	·본부와 가맹점 간 관계를 운영 차원에서 관계 모형 제시 ·본부와 가맹점 간 관계가 여러 산업을 통해서 매우 다양한 결과로 나타남.
신창락 (1994)	편의점	편의점의 성과결정 요인	다중회귀 분석	독) 영업지원, 가맹점의 재무능력, 경영자의 경험입지, 협력관계, 갈등, 고객수요, 고객욕구의 다양성, 경쟁. 종) 총 매출액	영업지원, 가맹점의 재무능력, 입지, 협력관계, 고객수요, 경쟁은 유의적이나 경영자의 경험, 갈등, 고객수요의 다양성 등을 유의하지 않음.
김의근 (2000)	부산지역의 외식 프랜차이즈	프랜차이저의 공정성이 프랜차이즈의 성과에 미치는 영향 연구	LISREL	독) 공정성, 신뢰, 몰입. 종) 성과	프랜차이저의 공정성, 신뢰, 감정적 몰입 정도가 성과에 영향을 미치고 있음

註) 독)은 독립변수, 매)는 매개변수, 종)은 종속변수를 의미함.

資料: 신창락, 1994, **프랜차이즈 가맹점의 성과결정요인에 관한 연구.** 국민대학교 박사학위논문. pp.51-80, 김의근, 2000, **프랜차이즈의 공정성이 프랜차이즈의 성과에 미치는 영향에 관한 연구.** 아주대학교 박사학위논문. pp.8-40을 중심으로 재작성.

2) 不動産仲介業分野의 先行研究

(1) 엔더슨(R. I. Anderson)·팍(R. Fok)·점파노(L. V. Zumpano) ·엘더(H. w. Elder)의 연구

엔더슨 등(1981)은 주거용 부동산시장에서 프랜차이즈에 가입하
지 않은 일반 부동산중개업소와 프랜차이즈에 가입한 부동산중개업
소를 비교하여 어느 시스템이 더 효율적인지를 연구하였다.[96] 그들
은 일종의 선형계획법인 자료포락분석(data envelopment analysis:
DEA) 기법을 이용하여 프랜차이즈 중개업소과 비프랜차이즈 중개
업소의 경제적 효율성을 전반적, 기술적, 배분적, 순수기술, 규모의
측면에서 비교, 분석하였다. 그 결과 그들은 일반적인 예상과는 달
리 프랜차이즈 중개업소가 일반 부동산중개업소에 비하여 모든 측
면에서 경제적 효율성이 높다는 것은 발견하지 못하였다. 그들은 프
랜차이즈 중개업은 자원배분적인 측면에서 더 효율적으로 운영되고
있는 반면, 프랜차이즈 가맹점에 가입하지 않은 일반 부동산중개업
소의 경우에는 규모와 기술적인 측면에서 더 효율적으로 운영되고
있음을 발견하였다. 만약 전술한 효율성이 어느 한쪽 시스템에서 강
하게 작용하였다면 해당 시스템 쪽으로 부동산중개업이 운영되었어
야 한다. 그러나 미국의 부동산중개업소 중에서 프랜차이즈 중개업

---

96) R. I. Anderson et al., 1981, "The Efficiency of Franchising in the
Residential Real Estate Brokerage Market", *Journal of Real Estate
Research 16,* pp.139－158.

소는 1970년대에 급속히 성장하였으나 1980년대에 19%, 1990년에 18% 수준에 머무르고 있다. 따라서 프랜차이즈 중개업소와 프랜차이즈 가맹점으로 가입하지 않은 일반 부동산중개업소의 비율이 일정한 수준을 유지하고 있는 것이다. 그들의 연구결과에 따르면 이는 특정한 유형의 부동산중개업소가 다른 유형의 부동산중개업소에 비하여 절대적으로 우월하지는 못하다는 것을 의미하는 것이다.

(2) 엔더슨(R. I. Anderson)·루이스(D. Lewis)·점파노(L. V. Zumpano)의 연구

엔더슨(Anderson) 등은 주거용 不動産仲介業의 효율성을 비용과 이윤의 관점에서 분석하였다.[97) 그들은 미국부동산협회(NAR)로부터 구한 1994부터 1995년까지의 미시경제자료를 이용하여 전통적 확률프론티어모형과 베이지언 확률프론티어모형을 기초로 주거용 부동산중개시장에서 비용 및 이윤 X-효율성을 추정하였다.

그들은 회귀분석을 이용하여 不動産仲介業의 효율성에 영향을 미치는 요인을 분석한 결과 프랜차이즈 가입 여부, 창업기간 등이 부동산중개업소의 효율성에 정의 영향을 미치고 MLS와 리스팅과 판매량의 균형 산출량(balanced output)은 경영효율성을 감소시키는

---

97) R. I. Anderson, Lewis D. and Zumpano L. V., 2000, "Residential Real Estate Brokerage Efficiency from a Cost and Profit Perspective", *Journal of Real Estate Finance and Economics 20*, pp.295-310.

것으로 나타났다. 그리고 규모의 경제를 추정한 결과 부동산중개업소는 규모에 대한 수익이 증가하는 구간에서 활동하는 것으로 나타났다.

그리고 그들은 부동산중개업소가 효율적으로 운영될 경우 이윤의 측면에서 효율성이 약 50% 증가한다고 주장하였다. 그리고 不動産仲介業의 평균 비용 X-효율성은 72%에서 84%의 범위 내에 있고 이는 不動産仲介業이 효율적으로 운영되면 비용을 약 16%에서 28%까지 줄일 수 있다는 것을 의미한다는 것을 밝혔다. 또한 그들은 비용효율성과 이윤효율성의 상관분석을 통하여 비용이 효율적인 업체는 이윤도 효율적이고 그 역도 성립한다는 것을 밝혔다.

그리고 그들은 두 시점 간의 비교연구를 통하여 1994-1995년 기간 중 부동산중개업소의 효율성은 1991년의 효율성보다는 떨어졌는데 이는 시장조건의 변화 때문이라는 것을 밝혔다. 즉 1991년의 경우 주거용 부동산시장이 불황상태에 있었기 때문에 업체들이 보다 효율적으로 경영하고자 하는 의지가 있었고, 이것이 결과적으로 업체의 경영효율성을 가져왔다고 주장하였다. 이는 일반적으로 X-효율성이 경쟁적인 여건과 정의 관계에 있다는 기존의 이론을 뒷받침한다고 볼 수 있다.

효율프론티어로부터 규모의 경제를 분석한 결과 그전의 다른 연구결과와 동일한 결과를 도출할 수 있었는데 그것은 부동산중개업소가 수익 체증하는 구간에서 영업활동을 한다는 사실이었다. 이는 부동산중개업소가 보다 많은 부동산의 중개계약을 체결하고 주택을 판매함에 따라 보다 많은 경영성과를 얻는다는 것을 의미한다.

그리고 그들은 프랜차이즈 가입업소는 전통적인 업소보다 비용이 감소하는데 이는 프랜차이즈 가입업소가 많이 존재하는 원인이라고 주장하였다. 그리고 경영기간이 길수록 비용 효율성이 크고 MLS와 리스팅과 판매량의 균형산출량은 효율성을 감소시킨다는 사실을 발견하였다.

(3) 문네크(H. J. Munneke) · 야바스(A. Yavas)의 연구

문네크(Munneke) 등은 부동산중개업자들이 성공할 수 있는 요인은 무엇이며, 무엇이 성공한 최고의 중개인들이 다른 회사로 옮겨가도록 유인하는지에 대하여 연구하였다.[98] 그 결과 그것은 중개인들이 그들의 수수료 수입을 그들의 회사와 분담하는 방법의 차이에 의하여 결정된다는 사실을 발견하였다. 일반적으로 전통적인 중개회사의 중개인들은 그들의 회사에 미리 결정된 비율로 수수료 수입을 지불한다(대개 40 to 60 퍼센트). 그 대신 중개회사는 '책상비용'(사무실 공간, 비서의 인건비, 그리고 기타의 비용)을 중개인들에게 지불한다. 반면에 총 수수료 중개업체(full commission brokerage firms)들은 중개인들이 그들의 수수료 수입에서 5 퍼센트의 프랜차이즈 요금을 제외한 나머지 모두를 가질 수 있게 한다. 그 대신 중개인들은 매월 회사에 일정액수를 '책상 비용'으로 지불한다. 따라

---

98) H. J. Munneke, Yavas, A., 2001, "Incentives and Performance in Real Estate Brokerage", *Journal of Real Estate Finance and Economics 20*, pp.295－310.

서 총 수수료 중개업체의 중개인들은 수수료 수입 가운데 일부를 제외하고 전부를 보유할 수 있기 때문에 전통적인 회사들의 중개인보다 더 많은 노력을 기울일 동기를 가지게 된다. 더구나 책상비용보다 수수료 수입이 더 큰 결과를 기대하는 중개인들만 총 수수료 중개업체에서 일하는 것을 고려하게 된다. 따라서 총 수수료 중개구조는 중개인에게 더 열심히 일하도록 하는 인센티브만 제공하는 것이 아니라 더 생산적인 중개인들이 시장에서 스스로 이러한 부동산 중개업체를 선택하는 결과를 야기한다. 그 결과 총 수수료 중개업체의 중개인들은 일반적으로 다른 업소에서 일하는 중개인들보다 유능한 경우가 많다.

이와 같은 상황에서 이들은 두 가지의 분석을 실시하였는데 하나는 중개 수수료 구조의 차이가 총 수수료 중개업체에서 종사하는 중개인들(RE/MAX)의 영업성과에 미치는 영향을 이론적 모형으로 제시하는 것이다. 그리고 다른 하나는 총 수수료 중개업체에서 종사하는 중개인들의 영업성과를 실증적으로 검증하는 것이다.

분석결과 그들은 총 수수료 중개업체(RE/MAX)의 중개인들은 전통적인 업소에서 일하는 중개인들보다 더 많은 중개계약을 체결하는 것을 밝히고 있다. 그리고 중개 매물이 증가는 각 매물에 할당하는 시간과 주의력을 감소시키는 경향이 있다는 것을 밝혔다. 따라서 판매시간과 판매가격의 측면에서 두 종류의 부동산중개업체는 차이가 없음을 밝히고 있다.

2. 硏究假說의 設定

위에서 언급한 바와 같이 프랜차이즈 가맹점의 성과에 관한 선행연구를 중심으로 프랜차이즈 중개업의 성과에 관한 가설을 설정하면 아래와 같이 네 부분으로 설정할 수 있다.

1) 加盟店特性에 관한 假說

전술한 선행연구에서 가맹점의 특성이 가맹점의 성과에 영향을 미치는 요인으로서 가맹점의 재무능력, 경영자의 경험, 입지 등을 변수로 사용하였다.

그러므로 본 연구에서는 다음과 같이 가맹점 특성 변수 중에서 가맹점의 재무능력, 경영자경험, 입지 등의 변수를 중심으로 프랜차이즈 중개업의 성과와 관계가 있다는 가설을 설정하고 검정하기로 하였다.

첫째, 프랜차이즈 가맹점 특성 중에서 가맹점의 재무능력은 가맹점을 개설할 때 투자되는 재무능력에 해당하는 사무소 소유 형태, 사무소 면적, 총 투자액 등을 말한다.

본 연구에서는 다음과 같은 가설을 설정하고자 한다.

가설 1: 프랜차이즈 중개업의 재무능력이 높을수록 경영성과가 높다.

둘째, 프랜차이즈 가맹점 특성 중에서 경영자 경험은 가맹점을 경영하는 경영자 개인이 동일업종을 경영한 경험과 경영자의 자질 그리고 경영자의 능력 등을 말한다. 그러므로 본 연구에서는 다음과 같은 가설을 설정하고 연구하고자 한다.

가설 2: 프랜차이즈 가맹점의 경영자경험이 많을수록 프랜차이즈 중개업의 경영성과가 높다.

셋째, 프랜차이즈 가맹점 특성 중에서 입지는 가맹점이 재화나 용역을 판매, 인도함에 있어서 지리적으로 어떤 境界에 의해서 결정되는 것인지 시장에 대한 지리적 據點으로서 사무소 시설에 대한 중심성을 의미한다. 따라서 본 연구에서는 다음과 같은 가설을 설정하고자 한다.

가설 3: 입지가 좋을수록 프랜차이즈 중개업의 성과가 증대될 것이다.

2) 本部特性에 관한 假說

전술한 선행연구에서 본부 특성요인은 프랜차이즈 본부가 가맹점의 성과에 영향을 미치는 요인으로서 기회 제공, 서비스 제공, 정보교환, 광고 등을 영업지원으로 보고, 영업지원을 변수로 사용하였다. 따라서 본 연구에서는 다음과 같이 본부 특성 변수인 영업지원이 프랜차이즈 중개업의 성과와 관계가 있다는 가설을 설정하고 분석하기로 하였다.

영업지원은 본부에서 가맹점에 제공하는 영업지원으로 가맹점의 성과를 높일 수 있는 기회 제공, 서비스 제공, 정보교환, 광고, 교육 등에 대한 지원을 말한다. 따라서 본 연구에서는 다음과 같은 가설을 설정하고자 한다.

가설 4: 프랜차이즈 본부의 영업지원이 커지면 프랜차이즈 중개업의 성과가 높아질 것이다.

3) 競爭特性에 관한 假說

전술한 선행연구에서 경쟁 특성요인은 가맹점의 상권 내 가맹점의 경쟁 특성에 관한 연구로서 가맹점 상호간의 경쟁이 가맹점의 성과에 영향을 주는 요인으로서 가맹점의 상호경쟁, 유사업종 간의 경쟁 등을 변수로 사용하였다.

첫째, 경쟁 특성 중에서 가맹점의 상호경쟁은 프랜차이즈 가맹점이 설정된 상권 내의 경쟁에 대해 동일 가맹점 간의 경쟁과 다른 회사의 가맹점에 대한 경쟁을 의미한다. 그러므로 본 연구에서는 다음과 같은 가설을 설정하고자 한다.

가설 5: 동종 프랜차이즈 중개업 간의 경쟁이 강할수록 프랜차이즈 중개업의 성과는 낮아질 것이다.

둘째, 가맹점의 경쟁 특성 중에서 동종업 간의 경쟁은 프랜차이즈 가맹점이 설정된 상권 내의 경쟁에 대해 경쟁이 될 수 있는 다른 회사의 프랜차이즈 중개업이 인접하여 경쟁을 일으키는 것을 의미한다. 따라서 본 연구에서는 다음과 같은 가설을 설정하고자 한다.

가설 6: 일반 부동산중개업소와의 경쟁이 강할수록 프랜차이즈 중개업의 성과는 낮아질 것이다.

4) 關係特性에 관한 假說

전술한 선행연구에서 관계 특성요인은 본부와 가맹점 간의 상호 관계를 중요시하는 요인으로서 협력관계, 갈등 등을 변수로 사용하였다. 본 연구에서는 연구의 범위를 가맹점으로 한정하기 때문에 다음과 같이 관계 특성 변수 중에서 협력관계, 계약관계 등의 변수를 중심으로 가설을 설정하고 검정하기로 한다.

160

첫째, 프랜차이즈 본부와 가맹점의 협력관계는 프랜차이즈 본부와 가맹점의 협력관계에 대한 응집력이 크면 클수록 가맹점의 성과가 크게 나타날 것이라는 가설을 설정하였으므로 본 연구에서도 다음과 같이 가설을 설정하고자 한다.

가설 7: 본부와 가맹점의 협력이 증대될수록 프랜차이즈 중개업의 성과는 증대될 것이다.

둘째, 본부와 가맹점 사이는 프랜차이즈계약이 성립하게 된다. 여러 가지 이해관계의 차이에 의해서 생길 수 있는 계약내용에 대하여 공정하다고 만족하는 정도에 따라 성과가 증가할 것이다. 따라서 본 연구에서는 다음과 같은 가설을 설정하고자 한다.

가설 8: 본부와 가맹점 간의 계약관계가 공정할수록 프랜차이즈 중개업의 성과는 높아질 것이다.

3. 經營成果變數

일반적으로 조직의 성과는 어떤 기준, 예를 들어 목표란 관점에서 기업의 성취 정도로 평가된다. 이념적으로, 조직의 목표는 외적으로는 만족, 제품의 질 그리고 개인적 또는 사회적인 필요와 욕구에 관련해서 소비자 집단에 바람직한 영향을 주어야 하고 내적으로는 바람직한 조직의 성과 또는 결과인 시장점유율, 매출성장률, 이익성장률, 현금흐름 그리고 투자에 대한 회수 등이 달성되어야 한다.99)

목표는 성과 또는 결과가 기업의 생존과 번영에 직접적으로 그리고 중요하게 영향을 미치는 모든 사업 영역에 요구된다. 또한, 목표는 영리집단이나 비영리집단 등 모든 조직에서 요구된다. 기업에 있어서 특별한 목표의 설정은 주요한 결과영역의 정립에 근거되는데, 그러한 결과영역은 기업의 성공에 직결되는 활동으로 이루어진다.

전략적 사업계획자들은 장기간의 번영을 달성하고자 보통 다음과 같은 일곱 가지 영역에서 장기목표를 설립한다.100) 이익, 제품의 질, 경쟁적 우위, 고용증가, 노사관계, 기술선도, 그리고 사회적 책임이다.

성과척도는 당연히 목표에 근거되는데, 그 이유는 목표가 성과척도에 대한 기본이기 때문이다. 예를 들어 조직의 성과는 매출, 이익, 비용, 품질 및 생산성과 같은 목표의 관점에서 측정될 수 있다. 더불어 조직의 성과는 조직의 내적 자원의 활용과 변화하는 외적 환경의 적응을 고려하는데서 나타나게 된다.101)

---

99) A. A. Thompson, and Strickland, A. J., 1983, *Strategy Formulation and Implementation revised ed.,* Plano, TX: business Publication, Inc., pp. 24 − 25.

100) J. A. Pearce, and Richard B. R., 1983, Jr. "environmental Forecasting: Key to Strategic Management", *Business,* Vol.33, pp.3 − 12.

그러나 성과에 대한 단일기준은 존재하지 않는다. 비록 성과척도에 있어서 기본적으로 일치하지 않더라도, 성과가 다차원적 구조라는 데 인식을 같이하고 있다.[102]

인젠(Ingene)과 러쉬(Lusch)는 소매점의 성과를 측정하기 위한 세가지 측도로서 이익, 소비자에 대한 경제적 · 사회적 복지 및 피고용인의 만족을 주장하고 있다. 반면에, 로젠블룸(Rosenbloom)은 전반적 재무성과와 상품화 성과란 두 가지 기준으로 소매점 시장성과를 제시하고 있다.[103] 또한 스미스(Smith)는 성과측도로서 가맹점의 만족과 재무적 성과의 실현을 제시했다.

모어(Mohr)와 네빈(Nevin)은 만족도와 재무적 성과를 성과척도로 제시하면서 다음과 같이 설명하고 있다. 지금까지의 선행연구를 보면 성과는 두 개의 단계로 구성되는데, 첫 단계는 만족도와 같은 정성적 측도이고 다음 단계는 재무적 성과와 같은 정량적 측도이다.[104]

가스키(Gaski)도 대부분의 선행연구들을 검토한 결과 성과를 종

---

101) A. A. David, 1984, *Developing Business Strategy,* New York, NY: John Wiley & Sons, pp.21 – 24.

102) B. Louis, 1977, *"Structure, Conduct, and Profitability in Distribution",* in Hans B. Thorelli. ed., Bloomington, IN: Indiana University Press, pp.219 – 36.

103) Rosenbloom, 1981, *Retailing Marketing,* New York, NY: Random House, Inc., pp.13 – 16.

104) J. Mohr and Nevin, J. R., 1990, "Communication Strategies in Marketing Channels: A Theoretical Perspective", *Journal of marketing,* pp.36 – 51.

속변수로 할 경우 만족도와 재무적 성과를 척도로 하는 모형을 그의 논문에서 제시하고 있다. 또한 바조찌(Bagozzi)는 만족도와 재무적 성과에 대한 관계를 알아보기 위하여 인과모형법(causal modeling methodology)으로 실험하였다. 그 역시 양 척도를 성과로 보는 연구모형을 제시하였다.[105] 그 외에 선행연구를 보면 만족도를 성과척도로 한 대표적 연구는 Schul, Little 및 Pride(1983), Frazier(1983), Ruekert와 Churchill(1984) 등이 있으며, 재무적 성과를 성과측도로 한 대표적인 연구는 Lusch(1976)와 Bennett(1988) 등이 있다.

그리고 스턴(Stern)과 엘－엔사리(El－Ansary)는 <표Ⅲ.6>과 같이 성과의 측정기준으로 수익성, 공평성, 생산성, 효과성을 그 측정기준으로 설명하였다.

따라서 본 연구에서는 경영성과를 스턴(Stern)과 엘－엔사리(El－Ansary) 의 기준 중 수익성(총 매출액)과 효과성(총 거래건수, 중개의뢰인 수)으로 한정하여 경영성과를 측정하고자 한다.

---

105) R. Bagozzi, 1975, "Marketing as Exchange", *Journal of Marketing,* Vol.39, pp.32－39.

〈표 Ⅲ.6〉 스턴(Stern)과 엘 엔사리(El – Ansary)의 성과 측정기준

측정기준	개 념
수 익 성	· 투자수익률, 매출, 자본구조, 이익의 성장잠재력 등으로 구성되어 있는 재무적 능률 · 생산성과 정의 상관관계에 있음.
효 과 성	· 최종 소비자에게 제공되는 서비스 산출물 · 서비스 산출물은 배달시간, 취급품목의 숫자, 취급품목의 형태 등
생 산 성	· 노동, 자본 등의 투입에 따른 총 매출, 총 이익, 부가가치
공 평 성	· 타 시장과 얼마나 동일하게 봉사하고 있는가에 관한 것

資料: 김의근, 2000, **프랜차이즈의 공정성이 프랜차이즈의 성과에 미치는 영향에 관한 연구,** 아주대학교 대학원 박사학위논문, p.34를 근거로 재작성.

4. 成果決定要因

앞의 선행연구에서 살펴본 바와 같이 여러 학자들의 연구 중에서 프랜차이즈 가맹점의 성과에 영향을 미치는 변수들을 중심으로 한 대표적인 연구들을 고찰하였다. 이들 대부분의 연구들은 프랜차이즈 가맹점의 성과결정요인을 연구함에 있어서 일부 요인만을 부분적으로 연구하였으며, 연구대상을 일반 유통 분야 즉, 패스트푸드, 식료품, 소매점 등의 업종에 제한하였다.

프랜차이즈 중개업은 일반 유통산업 분야의 프랜차이즈와 다른 프랜차이즈 특성을 가지고 있다. 또한, 프랜차이즈 중개업은 업무성

격이나 유통구조 측면에서 볼 때 일반 유통산업의 프랜차이즈와 다르다.

본 연구에서는 선행연구의 문제점을 제기하고 프랜차이즈 중개업의 특성을 고려하여 선행연구에서 채택한 成果決定要因들을 검토하여 프랜차이즈 중개업의 성과결정요인 변수를 도출하고자 한다.

1) 加盟店特性 變數

첫째, 홀과 냅 그리고 윈스턴(Hall Knapp and Winstern, 1961) 등은 소매업 성과에 미치는 영향에 대하여 식료품점 및 의류업체를 대상으로 독립변수를 종업원 수(풀타임 종업원의 1인당 비율)로 하고 종속변수를 매출액으로 하여 성과차이를 분석하였다.

둘째, 타스만과 더그라스 그리고 부쉬(Tathman, Douglass and Bush, 1972)는 프랜차이즈 가맹점의 선발기준에 대한 연구에서 신용과 재무상태, 경영자 개인의 업무수행능력, 과거 경험, 적절한 사업동기, 교육배경과 연령 등을 가맹점 선발기준으로 제시하였다.

이것은 가맹점 선발 목적이 근본적으로 프랜차이즈 본부와 가맹점의 성과를 극대화할 수 있는 가맹점을 선발하는 것이므로, 이를 성과결정요인 변수로 채택하였다고 볼 수 있다.

셋째, 타케우치(Takeuch, 1977)는 소매업 생산성에 영향을 미치는 요소를 크게 시장요소와 기술요소로 나누고 슈퍼마켓을 중심으로 점포 특성적(store specific)인 결정변수 중에서 경영자가 통제

가능한 변수에 중점을 두고 연구하였다.

그의 연구에서 프랜차이즈 가맹점의 가맹점 특성에 대한 변수로 시장요소로 입지변수를 들고, 점포의 규모, 경영자의 자질, 종업원의 자질 등을 변수로 사용하였다.

넷째, 러쉬와 문수영(Lusch and Moon, 1984)은 소매업 성과에 영향을 미치는 요소를 마케팅믹스 결정요소, 소매기업의 특성요소, 그리고 전통적 경제요소 등으로 크게 나누고 하드웨어점포와 건축자재 공급점포를 중심으로 경영자가 통제 가능한 결정변수에 중점을 두고 연구하였다.

그들은 소매업 생산성과 밀접한 상관관계를 맺고 있는 변수로 입지, 점포규모, 점포소유 형태, 임금, 점포유형 등을 제시하였다.

다섯째, 굿(Good, 1984)은 소매 식료품점을 대상으로 프랜차이즈 가맹점의 성과에 영향을 미치는 연구를 하였는데, 점포의 규모인 매장면적을 독립변수로 하여 규모경제에 대한 성과를 측정하였다.

여섯째, 다우트(Doutt, 1984)는 점포의 소유 형태, 자본규모를 변수로 하여 프랜차이즈 가맹점화된 기업과 독립소매점으로 된 기업 간의 성과차이를 比較하였다.

그는 두 집단 간에 성과의 차이를 분석한 결과 소유 형태에 대해서는 별다른 의미가 없었으나 자본규모에 대해서는 프랜차이즈 가맹점화된 기업이 우수하여 성장 잠재력이 있음을 발견하였다.

일곱째, 김종훈(Kim, 1989)은 가맹점 특성에 관하여 종업원 상호 간의 협력, 사기, 만족 등으로 채널통합력을 측정하였는데, 이는 이들 가맹점 특성 변수가 성과에 중요한 요인이 되기 때문이다.

여덟째, 트레보(Trevor, 1989)는 채널 성과 향상을 위한 가맹점 특성 변수를 공식적 조직과 비공식적 조직으로 구분하여 연구하였는데, 채널 조직의 성과를 향상시키기 위해서는 비공식적 조직보다는 공식적 조직을 강화해야 함을 주장하였다.

아홉째, 루이스와 램버트(Lewis and Lambert, 1991)는 프랜차이즈 멤버의 성과를 완전히 종속된 프랜차이즈와 부분적으로 종속된 프랜차이즈 중에서 어느 경우가 우수하게 나타나는지 분석하였는데, 재투자액, 신용, 대표자의 역할에 따라 프랜차이즈 성과는 다르게 나타난다는 것이다.

이것은 경영자의 자금력, 경영자의 역할, 경영자의 신용 등이 성과에 중요한 영향을 미친다는 것이다.

이들 선행연구들을 요약하여 프랜차이즈 가맹점 특성의 성과결정요인 변수로서 본 논문이 채택하고자 하는 변수는 가맹점의 재무능력, 경영자의 경험, 입지 등이다. 본 연구에서는 프랜차이즈 중개업의 가맹점 특성 변수로 채택한 변수를 이용하여 프랜차이즈 중개업의 경영성과를 분석하고자 한다.

2) 本部特性 變數

첫째, 다우트(Doutt, 1984)는 프랜차이즈 가맹점화된 기업과 독립소매점 간의 생산성 차이를 서비스 제공의 변수를 사용하여 분석하였다.

프랜차이즈 시스템에 있어서 단순히 프랜차이즈 가맹점화된 기업과 독립소매점으로 된 기업 간의 생산성 차이만을 분석하는 것으로, 프랜차이즈 성과를 판단하는 것은 무리라고 본다.

이것은 프랜차이즈가 이루어진 기업과 프랜차이즈가 이루어지지 않은 독립소매점으로 된 기업 간에는 이미 서로 다른 특성을 가지고 있으며, 이들의 성과 역시 다른 측면에서 이해하여야 함이 妥當하다. 따라서 이들을 서로 두 집단으로 하여 성과를 비교하는 것은 타당하지 못하며, 올바른 분석을 위하여 프랜차이즈가 이루어진 집단 내부에서 서로 다른 프랜차이즈 가맹점 집단 간의 성과차이를 분석함이 타당하다고 본다.

이런 측면에서 볼 때, 프랜차이즈 성과는 프랜차이즈 본부의 특성인 서비스 제공이 프랜차이즈 가맹점의 성과에 어떠한 영향을 주는가에 따라서 성과가 달리 나타날 것이라는 가정에서 가맹점에 支援하고 있는 서비스 제공 등의 영업지원에 대한 성과차이를 분석함이 妥當하다고 본다.

둘째, 야바스와 하비브(Yavas and Habib, 1987)는 프랜차이즈 본부에 대한 가맹점의 만족에 관한 연구에서 프랜차이즈 구성원으로서의 만족 정도는 본부의 명성, 본부의 광고 및 교육, 본부의 인테리어 지원 등에 의하여 차이가 나타난다고 연구하였다.

셋째, 스턴과 엘 엔사리(Stern and EL－Ansary, 1988)는 프랜차이즈 본부에서 가맹점에 제공하는 영업지원에 대하여 앞의 이론에서 서술한 바와 같이 본부가 초기에 제공하는 영업지원 사항과 계속적으로 지원하는 사항으로 나누어 설명하고 있다.

넷째, 김종훈(Kim, 1989)은 프랜차이즈 채널통합에 있어서 가맹점의 성과에 관한 연구에서 프랜차이즈 시장을 통합하는 데 있어서 그 성과는 어느 경우에 효과적인 성과를 가져다주고 있는지에 대해서 연구하였다. 그는 마케팅 채널통합의 유효성을 연구하기 위하여 본부에서 가맹점에 제공하는 기회 제공, 정보교환, 광고 등의 변수를 사용하였는데, 이러한 변수들의 값이 높으면 높을수록 채널통합이 용이하고 吸引力이 있음을 발견하였다.

이를 요약하여 프랜차이즈 성과결정요인 변수로서 본 논문이 채택하고자 하는 본부 특성 변수는 프랜차이즈 본부에서 가맹점에 제공하는 기회 제공, 서비스 제공, 정보교환, 광고, 교육 등을 영업지원으로 보고 영업지원을 변수로 사용하고자 한다.

그리고 프랜차이즈 중개업의 본부 특성 변수로 채택한 변수를 이용하여 프랜차이즈 중개업의 경영성과를 분석하고자 한다.

3) 競爭特性 變數

첫째, 러쉬(Lusch, 1976)는 경쟁 특성 변수로서 동일상권에 새로운 프랜차이즈 가맹점이 등장할 경우, 이에 대한 갈등의 정도를 분석하였다. 이는 동일 지역에 대한 경쟁이 심할수록 성과가 감소한다는 것으로 분석하였다.

둘째, 켈리와 피터스(Kelly and Peters, 1977)는 가맹점 간의 비교연구에서 가맹점의 상호경쟁을 변수로 사용하여 연구하였는데, 이는 프랜차이즈 가맹점의 동일지역에서 경쟁에 따른 성과의 차이를 연구하였다.

셋째, 고쉬와 크레이그(Ghosh and Craig, 1990)는 프랜차이즈 가맹점의 경쟁에 있어서 가맹점과 유사업종 간의 경쟁을 상권을 결정하는 요인으로 제시하였다.

본 연구에서는 가맹점의 새로운 상권결정에 있어서 프랜차이즈화된 부동산중개업 간의 경쟁으로 인한 가맹점의 고려가 어느 정도 이루어지고 있는지에 대한 분석을 하는 것이므로 프랜차이즈화된 부동산중개업 간의 경쟁을 성과결정요인 변수로 채택하여 분석하고자 한다.

그러므로 선행연구에서 경쟁 특성에 관한 변수로 사용하고 있는 가맹점의 상호경쟁, 비가맹점화된 업소와의 경쟁 등을 본 연구에서 성과결정요인 변수로 사용하고자 한다.

그리고 프랜차이즈 중개업의 경쟁 특성 변수로 채택한 변수를 이용하여 프랜차이즈 중개업의 경영성과를 분석하고자 한다.

4) 關係特性 變數

첫째, 러쉬(Lusch, 1976)는 프랜차이즈 가맹점 간의 갈등요인에 관하여 연구하였다. 이는 동일지역에 대한 가맹점의 수가 성과에 영향을 미친다는 것이다.

둘째, 시블리와 미치(Sibley and Michie, 1982)는 가맹점 간의 협력관계에 대해서 연구하였는데, 프랜차이즈에 대한 응집력을 본부와 가맹점의 협력관계로 보고 협력관계는 성과에 영향을 미친다는 것이다.

셋째, 칠더스와 루커트(Childers and Ruekert, 1987)는 보험업 유통에 관한 연구를 통하여 협력관계와 갈등은 채널 내에 동시적으로 존재하고 있으며, 채널구성원 간의 신뢰는 협력관계를 증가시키고, 신뢰의 인지는 두 조직 간의 갈등을 감소시킨다고 하였다.

넷째, 김종훈(Kim, 1989)은 마케팅 채널통합의 유효성에 관한 연구를 통하여 프랜차이즈 가맹점의 성과결정요인을 분석하였다.

다섯째, 트레보(Trevor, 1989) 및 루이스와 램버트(Lewis and Lamdert, 1991)는 프랜차이즈 멤버 상호간의 성과를 프랜차이즈가 완전히 이루어진 가맹점과 프랜차이즈가 불완전한 기업 간의 성과를 비교하였다.

이를 요약하면 프랜차이즈 중개업의 성과결정요인 변수로서 본 논문이 채택하고자 하는 관계 특성 변수는 프랜차이즈 본부와 가맹점 간의 협력관계, 본부와의 계약관계 등이다. 따라서 본 논문에서는 프랜차이즈 본부와 가맹점 간의 관계 특성 변수로 채택한 변수를 이용하여 프랜차이즈 중개업의 경영성과를 분석하고자 한다.

5. 研究模型 設定

앞에서 언급한 바와 같이 선행연구의 대부분은 프랜차이즈 가맹점의 성과를 연구함에 있어서 독립변수를 일부 결정요인만 채택하여 부분적으로 선정한 모델을 가지고 연구하였는데 본 연구에서는 독립변수의 경우 크게 네 가지 영역으로 나누어 가맹점 특성 변수, 본부 특성 변수, 경쟁 특성 변수, 관계 특성 변수 등으로 연구하고자 한다.

한편 종속변수는 프랜차이즈 중개업의 성과를 가지고 분석하기로 하며, 성과는 기본적으로 월평균 매출액을 사용하고자 한다.

본 연구에서는 연구의 목적상 프랜차이즈 중개업의 성과는 어느 경우에 더 좋은 성과를 달성할 수 있을 것인가에 관한 연구이므로 실행 가능한 프랜차이즈 중개업의 成果決定要因을 구성하고 이들 成果決定要因 중에서 효과적인 요인을 도출하는 데 있다.

그러므로 앞에서 기술한 변수는 프랜차이즈 중개업의 경영성과에 영향을 미칠 것으로 판단되는 변수 중에서 중요한 변수를 채택한 것이다.

프랜차이즈 시스템의 독립변수인 가맹점 특성 변수, 본부 특성 변수, 경쟁 특성 변수, 관계 특성 변수 등은 독립적으로 프랜차이즈 중개업의 경영성과에 영향을 미친다고 가정하고 이를 분석하고자 한다.

그리고 본 연구의 분석과정에서는 이들 변수들 간의 상관관계를 분석하여, 성과결정요인 간의 관계를 규명하고 성과에 영향을 미치는 정도를 측정하기로 한다.

앞에서 서술한 프랜차이즈 가맹점의 성과결정요인 변수인 독립변수와 성과변수인 종속변수를 정리하여 프랜차이즈 가맹점에 대한 성과결정요인의 연구모형을 그림으로 표현하면 <그림 Ⅲ.1>과 같다.

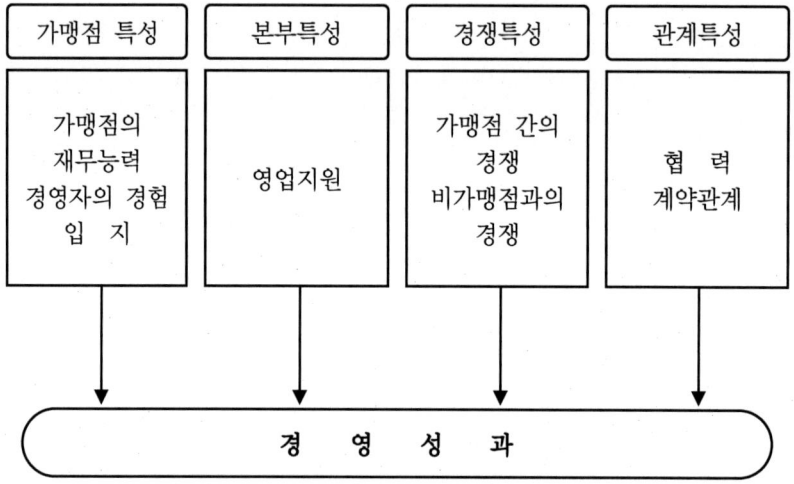

〈그림 Ⅲ.1〉 프랜차이즈 중개업에 대한 성과결정요인의 연구모형

IV. 分析方法

1. 調査手段의 設計

1) 調査對象 接近 節次

본 연구는 수도권에 위치한 프랜차이즈 중개업소를 대상으로 하였다. 프랜차이즈 중개업의 성과에 관한 정보를 제공하는 핵심응답자로는 프랜차이즈 중개업소의 대표자들을 선택하였다. 그 이유는 不動産仲介業에서 대표자는 프랜차이즈 본부와 수시로 접촉하고 거래관계를 책임지며, 거래계약의 중개업무를 대표자만이 할 수 있기 때문에 연구대상인 프랜차이즈 본부와의 거래관계 및 성과에 대한 많은 지식을 가지고 있으며, 정확한 정보를 제공할 수 있기 때문이다.

먼저 조사대상을 선정하기 위하여 프랜차이즈 본부를 조사하여 파악하였다. 프랜차이즈 본부를 대상으로 연구 취지를 설명한 후 프랜차이즈 가맹점들의 현황과 위치, 연락처에 대한 협조를 요청하여 프랜차이즈 가맹점들의 자료를 입수하였다. 프랜차이즈 본부가 협조에 응하여 주지 않는 경우는 프랜차이즈 본부의 홈페이지를 이용하여 프랜차이즈 가맹점의 현황과 위치, 연락처 자료를 수집하였다. 이러한 과정을 통해 프랜차이즈 가맹점 600개를 단순 무작위로 추출하였다.

2) 事前調査

먼저, 제시된 가설들을 기초로 설문지를 작성하여 가맹점들에 배포하기 전에 설문지의 내용에 대한 사전조사가 이루어졌다. 우선, 3명의 전공이 다른 박사과정 학생들과 조사전문기관에 근무하는 전문가에게 설문을 작성해 보도록 하였다. 이는 설문지에 대한 기술적인 문제가 있는지 여부를 점검하기 위해서였다. 설문지 검토결과 약간의 수정이 이루어졌으며, 이렇게 수정된 설문지를 다시 프랜차이즈 중개업소를 대상으로 2차 사전조사를 실시하였다. 2차 사전조사는 연구자가 직접 프랜차이지들을 방문하여 실시하였으며, 이는 설문지에 이해가 되지 않거나 현실과 맞지 않는다고 생각하는 내용을 찾아 시정하기 위함이었다. 이러한 사전조사를 통해 항목 간의 타당성을 검토한 후 최종적으로 본 조사에 사용될 설문지를 개발하였다.

2. 調査道具 및 方法

1) 設問紙의 構成

본 연구를 위한 설문지의 구성은 크게 8부분으로 나뉘는데 구체적으로 <표IV.1>에서 보는 바와 같이 프랜차이즈 본부 특성에 관한 설문 항목 8개, 프랜차이즈 관계 특성과 계약관계 각 항목 6개, 프랜차이즈 경쟁 특성 항목 5개, 입지·경영의 성과에 관한 항목 8개, 부동산중개업 경영의 성과에 관한 항목 4개, 그리고 사회·경제적 특성 및 인구통계적 특성 항목 6개 등으로 구성되어 있다.

〈표 IV.1〉 설문지의 구성

항목번호	설문내용	항목번호	설문내용
I -1	정보의 제공		
2	광고지원		
3~5	교육 및 훈련의 지원	V-30~33	입지특성
6	경영관리	33~37	경영특성
7	인테리어지원		
8	사후관리		
II-9~14	본부와 가맹점의 관계	VI-38~45	가맹점의 특성
III-15~19	가맹점 간의 경쟁	VII-46~49	성 과
IV-20~29	계약에 관한 설문	VIII-50~55	사회경제적 특성 인구통계적 특성

2) 變數의 測定

본 연구의 연구단위가 되는 변수는 독립변수와 종속변수로 나누고 독립변수는 크게 분류하여 가맹점 특성, 본부 특성, 경쟁 특성, 관계 특성 등으로 나누고, 종속변수는 성과이다. 성과는 월평균 매출액, 월평균 중개의뢰인의 수, 월평균 거래계약 건수로 한다.

(1) 加盟店特性 變數

가맹점 특성 변수는 프랜차이즈 가맹점의 특성이 가맹점의 성과에 영향을 미치는 요인으로서 가맹점의 재무능력, 경영자의 경험, 입지 등을 변수로 사용하고자 한다.

① 프랜차이즈 가맹점의 재무능력

가맹점의 재무능력은 프랜차이즈 가맹점에 대한 경영자의 재무능력을 의미하며, 굿은 가맹점의 재무능력을 측정하는 변수로 점포의 내장면적이 가장 적합하며, 성과를 설명하는 가장 중요한 변수라고 하였다. 그러므로 본 연구에서도 사무소의 면적, 총 투자액을 가맹점의 재무능력을 측정하는 변수로 사용하고자 한다.

② 경영자의 경험

경영자의 경험은 가맹점을 경영하는 경영자 개인에 대한 일반 不

動産仲介業을 경영한 경험과 경영자의 자질 그리고 경영자의 능력 등을 의미하며, 홀과 냅 그리고 윈스턴 등이 경영자의 경험을 점포의 영업기간인 점포의 개점 연수로 하였으므로 본 논문에서도 개업 연수(영업기간)로 측정하여 분석한다.

③ 사무소의 입지

사무소의 입지는 가맹점이 재화나 용역을 판매, 인도함에 있어서 지리적으로 어떤 경계에 의하여 결정되고, 시장에 대한 지리적 거점으로서 점포 시설에 대한 중심성을 의미하는 것으로 사무소의 입지에 대한 만족도를 다음과 같은 사항에 대하여 5점 Likert 척도를 이용하여 측정하였다. 설문내용은 사무소의 지리적 위치, 주변의 인구통행량, 대중교통시설(버스정류장, 지하철역 등)의 상태 등이다.

(2) 本部特性 變數

프랜차이즈 본부 특성 변수는 프랜차이즈 본부가 여러 가지 영업지원으로 가맹점의 성과를 향상시키는 것을 의미하는 것으로 본 연구에서는 영업지원을 변수로 사용하고자 한다.

영업지원은 프랜차이즈 본부가 가맹점의 성과를 향상시키기 위하여 각종지원을 하는 것을 의미하며, 프랜차이즈 본부가 가맹점에 지원하는 다음과 같은 사항을 5점 Likert 尺度를 이용하여 측정하고 이의 算術平均을 이용하였다. 설문내용은 ① 정보의 제공, ② 본부의 광고활동, ③ 교육 및 훈련 프로그램의 다양성, ④ 교육의 질, ⑤ 직원의 교육, ⑥ 경영관리의 적절성, ⑦ 사무소의 인테리어, ⑧ 본부의 사후관리 시스템 등이다.

(3) 競爭特性 變數

경쟁 특성 변수는 프랜차이즈 가맹점의 상권 내 가맹점의 경쟁 특성에 관한 것으로서 프랜차이즈 가맹점 상호간의 경쟁이 가맹점의 성과에 영향을 주는 요인으로서 본부가 동일한 가맹점 간의 경쟁 정도, 본부가 다른 가맹점 간의 경쟁 정도, 일반 중개업소와의 경쟁 정도, 다른 가맹점 간의 협력 정도 등을 변수로 사용하고자 한다.

① 동일 가맹점의 상호경쟁

프랜차이즈 가맹점의 상호경쟁은 프랜차이즈 가맹점에 있어서 동일 상권 내의 가맹점과 직영점 또는 다른 회사의 편의점 상호간의 경쟁을 의미하는 것으로 동일상권에 같은 회사의 새로운 프랜차이즈 가맹점이 등장할 경우 이에 대한 경쟁의 정도를 분석하고자 한다.

② 다른 가맹점 간의 경쟁

다른 가맹점 간의 경쟁은 프랜차이즈 가맹점이 설정된 상권 내의 경쟁에 대해 편의점과 경쟁이 될 수 있는 유사업종 즉, 백화점, 슈퍼마켓, 독립소매점, 재래시장 등이 인접하여 경쟁을 일으키는 것을 의미하는 것이지만 不動産仲介業에 있어서는 다른 프랜차이즈 가맹점 간의 경쟁을 의미한다.

③ 일반 중개업소와의 경쟁

일반 부동산중개업소와의 프랜차이즈 중개업소 간의 경쟁을 분석하고자 한다.

(4) 關係特性 變數

관계 특성 변수는 프랜차이즈 본부와 가맹점 간의 상호관계를 중요시하는 요인으로서 협력관계, 계약관계 등을 변수로 사용하고자 한다.

① 협력관계

협력관계는 프랜차이즈 본부와 가맹점의 상호 이익에 대한 협력을 의미하며, 본부와 가맹점의 협력 정도는 다음과 같은 사항을 5점 Likert 척도를 이용하여 측정하였다. 설문 항목은 관계유지의 긍정적 정도, 본부에 대한 만족도, 유기적인 관계의 유지, 다른 본부로의 변경, 본부에 대한 신뢰 정도 등이다.

② 계약관계

본부와 가맹점의 계약관계는 다음과 같은 사항을 5점 Likert 척도를 이용하여 측정하고 이의 산술평균을 이용하였다. 해당 설문의 항목은 본부의 출범시기, 가맹점 수의 적정 여부, 가맹비의 적정 여부, 계약기간의 적정 여부, 회비의 적정 여부, 독점권역의 적정 여부, 계약의 공정성 등이다.

(5) 성과 변수

성과에 관한 변수는 프랜차이즈 중개업의 경영성과에 관한 변수로 월평균 총 매출액, 월평균 중개의뢰인의 수, 월평균 거래계약의 건수를 사용하고자 한다.

〈표 Ⅳ.2〉 변수의 정의 요약

변수명		조작적 정의	설문 항목
가맹점 특성	재무능력	① 사무소의 면적 ② 총 투자액	Ⅵ의 38 Ⅵ의 45
	경영자 경험	영업기간	Ⅵ의 41
	입 지	① 입지에 대한 경영자의 만족도 ② 사무소의 지리적 위치, ③ 주변의 인구통행량, 대중교통시설(버스정류장, 지하철역 등)의 상태	Ⅴ - 30부터 33
본부 특성	영업지원	① 정보의 제공, ② 본부의 광고활동, 교육 및 훈련 프로그램의 다양성, ④ 교육의 질, ⑤ 직원의 교육, ⑥ 경영관리의 적절성, ⑦ 사무소의 인테리어, ⑧ 본부의 사후관리 시스템.	Ⅰ - 1부터 8

변수명		조작적 정의	설문 항목
관계 특성	협력관계	① 관계유지의 긍정적 정도, ② 본부에 대한 만족도, ③ 유기적인 관계의 유지, ④ 다른 본부로의 변경, ⑤ 본부에 대한 신뢰 정도	Ⅱ－ 9부터 14
	계약관계	① 본부의 출범시기, ② 가맹점 수의 적정 여부, ③ 가맹비의 적정 여부, ④ 계약기간의 적정 여부, ⑤ 회비의 적정 여부, ⑥ 독점권역의 적정 여부, ⑦계약의 공정성	Ⅳ－ 20부터 29
경쟁 특성	가맹점의 상호경쟁	① 동일 가맹점 간의 경쟁 정도 ② 다른 가맹점 간의 경쟁 정도	Ⅲ－ 15부터 16
	동일업종 간의 경쟁	일반 중개업소와의 경쟁 정도	Ⅲ－17
성　과		① 월평균 총 매출액 ② 월평균 중개의뢰인의 수 ③ 월평균 거래계약의 건수	Ⅶ－ 46부터 49

3. 分析節次

설문지의 구성은 프랜차이즈 중개업에 영향을 미치는 가맹점 특
성요인, 본부 특성요인, 경쟁 특성요인, 관계 특성요인, 성과요인,
응답자의 인구통계적 특성 등 6개 부문으로 이루어졌다.

본 연구에서는 프랜차이즈 중개업의 성과에 영향을 주는 요인들
을 파악하기 위하여 設問紙設計를 통해 대표본에 대한 橫斷面調査

를 실시하였다.

프랜차이즈 가맹점의 성과결정요인을 파악하기 위한 실증분석은 다음의 절차로 진행하였다.

첫째, 작성된 설문지로 사전조사를 하였다. 둘째, 사전조사에 의해 발견된 문제점에 대하여 오류를 수정하고 최종 설문지를 완성하였다. 셋째, 본 설문조사를 실시하였다. 넷째, 표본의 특성을 알아보기 위하여 빈도분석을 하였다.다섯째, 본 연구에 포함된 변수들의 집단 간 평균차이를 알아보기 위하여 평균분석을 하였다. 여섯째 또한, 변수들의 집단 간 차이를 분석하기 위하여 χ^2검정을 하였다. 일곱째, 가설검정을 시도하였고, 다중회귀분석에 의한 특성별 영향력을 파악하였다.

Ⅴ. 調査結果의 分析

　　이 장에서는 전술한 이론적 배경과 다른 선험적 연구를 바탕으로 프랜차이즈 중개업의 성과결정요인의 분석을 위해 실증적 분석을 시도하였다. 앞에서 프랜차이즈 중개업의 성과결정요인에 대한 가설에 대한 분석은 기존 통계자료와 설문지를 통하여 실시하였다.

1. 調査對象者의 一般的 特性

　　본 연구에서 조사대상자는 무작위 표출된 총 5백 부가 표집되었으나 질문지 중에서 부적절한 질문을 제외한 471부를 분석대상으로 하였다. 이 결과 제시된 조사대상자의 일반적 특징은 <표Ⅴ.1>과 같다.

　　조사대상자의 각 특성에 따른 분포를 보면 다음과 같다.

1) 性別

조사대상자의 성별 분포현황은 총 471명 중 남자 295명(62.6%),
여자 176명(37.4%)으로 나타났다.

2) 年齡

연령 분포는 29세 미만이 6명(1.3%), 39세 미만 54명(11.5%), 49세
미만 228명(48.4%), 59세 미만 168명(35.7%), 60세 이상 15명(3.2%)
등으로 나타나 40세에서 60세 미만이 대부분을 차지하고 있다.

3) 學歷

총 조사자 중 학력을 살펴보면 고졸 이하 111명(23.6%), 대졸
321명(68.2%), 대학원졸 27명(5.7%)으로 나타났다.

<표 V.1> 조사대상자의 일반적 특징

구 분		빈 도	백분율(%)
성 별	남	295	62.6
	여	176	37.4
	계	471	100.0
연 령	29세 미만	6	1.3
	39세 미만	54	11.4
	49세 미만	228	48.4
	59세 미만	168	35.7
	60세 이상	15	3.2
	계	471	100.0
학 력	고졸 이하	111	23.6
	대졸	321	68.2
	대학원졸	27	5.7
	계	471	100.0
자격증 소지 여부	있다	429	91.1
	없다	39	8.3
	무응답	3	0.6
	계	471	100.0
중개업 경력	1년 미만	9	1.9
	1~2년 미만	51	10.8
	2~3년 미만	81	17.2
	3~4년 미만	45	9.6
	4~5년 미만	51	10.8
	5~10년 미만	180	38.2
	10년이상	54	11.5
	계	471	100.0

4) 公認仲介士 資格證 所持 與否

공인중개사 자격증 소지 여부를 살펴보면 자격증이 있는 경우가 429명(91.1%), 없는 경우가 39명(8.3%)으로 대다수가 자격증을 소지하고 있는 것으로 나타났다.

5) 不動産仲介業 經歷

不動産仲介業의 경력을 살펴보면 5년 미만 185명(39.5%), 5년 이상 285명(60.5%)으로 나타나 비교적 부동산중개업 경력이 많음을 알 수 있다.

2. 集團別 平均分析

1) 面積別 成果에 관한 平均分析

(1) 면적에 따른 총 매출액의 평균분석

각 가맹점의 면적과 총 매출액에 관한 분석결과는 <표 Ⅴ.2>이다. 총 468명 중에서 10평 미만의 사무실을 가진 경우가 297명이며, 이들 가맹점의 평균 매출액은 6,555,000원이고, 10~20평 미만인 경우는 147명이며, 평균 매출액은 7,397,000이며, 20평 이상인 경우는 24명이며, 평균 매출액은 8,000,000원이다. 이 결과를 볼 때 총 매출액은 가맹점의 면적에 따라 차이가 있음을 알 수 있다.

〈표 V.2〉 가맹점 면적별 총 매출액

구 분	N	평균(천 원)	표준편차	F	P	DF	집단 간	(1)	(2)	(3)
(1) 10평 미만	297	6,555	3737140				(1)			
(2) 10~20평 미만	147	7,397	4001158	3.42	0.03	467	(2)	*		
(3) 20평 이상	24	8,000	3972733				(3)	*		
계	468	6,893	3853622							

분산분석의 통계치인 F값이 3.42이고, 가맹점의 면적 간 평균 매출액은 유의수준 0.05에서 통계적으로 유의미한 차이가 있다는 것을 알 수 있다. 그리고 LSD 사후검증의 결과는 총 매출액에 대해 가맹점의 면적 간 평균 매출액에 통계적인 차이가 있는지를 분석한 결과이다. 유의수준 0.05 이하에서 가맹점의 면적이 10평 미만, 10~20평 미만, 20평 이상 간의 평균 매출액에는 차이가 있으나 10~20평 미만과 20평 이상 간의 평균 매출액에는 차이가 없는 것으로 나타났다.

(2) 면적에 따른 중개의뢰인의 평균분석

각 가맹점 면적 간의 중개의뢰인 수에 관한 분석결과는 <표 V.3>

이다. 총 468명 중에서 10평 미만의 사무실을 가진 경우가 297명이며, 이들 가맹점의 평균 중개의뢰인 수는 49명이고, 10~20평 미만인 경우는 147명이며, 평균 중개의뢰인 수는 51명이며, 20평 이상인 경우는 33명이며, 평균 중개의뢰인 수는 49명이다. 이 결과를 볼 때 사무실의 면적이 어느 정도 넓으면 중개의뢰인 수에 영향을 미치지만 적정규모 이상이 되면 오히려 중개의뢰인 수가 줄어든다는 것을 알 수 있다.

〈표 V.3〉 가맹점 면적별 중개의뢰인 수

구 분	N	평균	표준편차	F	P	DF	집단 간	(1)	(2)	(3)
(1) 10평 미만	297	49	25.1				(1)			
(2) 10~20평 미만	147	51	28.9	5.08	0.00	467	(2)			
(3) 20평 이상	24	33	14.7				(3)	*	*	
계	468	49	26.3							

분산분석의 통계치인 F값이 5.08이고, 유의수준 0.05에서 가맹점 면적 간 평균 중개의뢰인에는 통계적으로 유의미한 차이가 있다는 것을 알 수 있다.

LSD사후검증은 중개의뢰인 수에 대해 가맹점의 면적 간 평균 중개의뢰인 수에 통계적인 차이가 있는지를 분석한 결과이다. 유의수준 0.05하에서 가맹점의 면적이 10평 미만과 10~20평 미만 간의 평균 중개의뢰인 수 간에는 차이가 없으나 20평 이상 간의 평균 중개의뢰인 수에는 차이가 있는 것으로 나타났다. 그리고 10~20평 미만과 20평 이상 간의 평균 중개의뢰인 수에는 차이가 있는 것으로 나타났다. 20평 이상과 10평 미만과 10~20평 미만 간의 평균 중개의뢰인 수에는 차이가 있는 것으로 나타났다.

(3) 면적에 따른 총 거래건수의 집단별 평균분석

각 가맹점 면적 간의 총 거래건수에 관한 분석결과는 <표Ⅴ.4>이다. 총 465명 중에서 10평 미만의 사무실을 가진 경우가 294명이며, 이들 가맹점의 평균 거래건수는 16.8건이고, 10~20평 미만인 경우는 147명이며, 평균 거래건수는 23건이며, 20평 이상인 경우는 24명이며, 평균 거래건수는 23건이다. 이 결과를 볼 때 총 거래건수는 가맹점의 면적에 따라 차이가 있음을 알 수 있다. 분산분석의 통계치인 F값이 13.6이고, 유의수준 0.05에서 가맹점 면적 간 평균 거래건수는 통계적으로 유의미한 차이가 없다는 것을 알 수 있다.

LSD사후검증은 총 거래건수에 대해 가맹점 면적 간 평균 거래건수에 통계적인 차이가 있는지를 분석한 결과이다. 유의수준 0.05하에서 가맹점 면적이 10평 미만과 20평 이상 간의 평균 거래건수 간에는 차이가 있는 것으로 나타났다. 그리고 10~20평 미만과 20평 이상 간의 평균 거래건수에는 차이가 없는 것으로 나타났으며, 20평 이상과 10평 미만 간의 평균 거래건수에는 차이가 있는 것으로 나타났다.

<表 V.4> 가맹점 면적별 총 거래건수

구 분	N	평균	표준편차	F	P	DF	집단 간	(1)	(2)	(3)
(1) 10평 미만	294	17	8.3				(1)			
(2) 10~20평 미만	147	23	18.5	13.6	0.00	464	(2)	*		
(3) 20평 이상	24	23	16.8				(3)	*		
계	465	19	13.2							

2) 總投資額別 成果에 관한 平均分析

(1) 총 투자액에 따른 총 매출액의 평균분석

각 가맹점의 총 투자액 간 총 매출에 관한 분석결과는 <표 V.5>이다. 총 471명 중에서 5천만 원 미만을 투자한 경우가 102명이며, 이들 가맹점의 평균 투자액은 5,351,000원이고, 5천만~1억 원 미만인 경우는 213명이며, 평균 매출액은 6,196,000원이며, 1억~1억 5천만 원 미만인 경우는 126명이며, 평균 매출액은 8,250,000원이다. 또한 총 투자액이 1억 5천만~2억 원 미만인 경우는 21명이고, 평균 매출액은 11,000,000원이며, 2억 원 이상일 경우는 9명이며, 평균 매출액은 12,000,000원이다. 이 결과를 볼 때 총 매출액은 총 투자액에 따라 차이가 있음을 알 수 있다.

분산분석의 통계치인 F값이 23.5이고, 총 투자액 간 평균 매출액에는 유의수준 0.05에서 통계적으로 차이가 없다는 것을 알 수 있다.

LSD사후검증은 총 매출액에 대해 총 투자액 간 평균 매출액에 통계적인 차이가 있는지를 분석한 결과이다. 유의수준 0.05하에서 총 투자액이 5천만 원 미만인 경우와 5천만~1억 원 미만 간의 평균 매출액에는 차이가 있는 것으로 나타났다. 그리고 총 투자액이 5천만~1억 원 미만과 5천만 원 미만 간의 평균 매출액에는 차이가 있는 것으로 나타났으며, 20평 이상과 10평 이하 간의 총 거래건수에는 차이가 있는 것으로 나타났다.

⟨표 V.5⟩ 총 투자액별 총 매출액

구 분	N	평균 (천 원)	표준편차	F	P	DF	집단 간	(1)	(2)	(3)	(4)	(5)
(1) 5천만 원 미만	102	5,351	4010926				(1)					
(2) 5천만~1억 원 미만	213	6,196	3170726				(2)	*				
(3) 1억~1억 5천만 원 미만	126	8,250	3818769	23.5	0.00	470	(3)					
(4) 1억 5천만~2억 원 미만	21	11,000	2524876				(4)			*		
(5) 2억 원 이상	9	12,000	2839454				(5)			*	*	
계	471	6,888	3841963									

(2) 총 투자액에 따른 중개의뢰인 수의 평균분석

각 가맹점의 총 투자액 간 중개의뢰인 수에 관한 분석결과는 <표 V.6>이다. 총 471명 중에서 5천만 원 미만을 투자한 경우의 중개의뢰인 수는 102명이며, 이들 가맹점의 평균 중개의뢰인 수는 37명이고, 5천만~1억 원 미만인 경우는 213명이며, 평균 중개의뢰인 수는 47명이며, 1억~1억 5천만 원 미만인 경우는 126명이며, 평균 중개의뢰인 수는 57명이다. 또한 총 투자액이 1억 5천만~2억 원 미만인 경우는 21명이고, 평균 중개의뢰인 수는 63명이며, 2억 원 이상일 경우는 9명이며, 평균 중개의뢰인 수는 55명이다. 이 결과를 볼 때 총 중개의뢰인 수는 총 투자액에 따라 차이가 있음을 알 수 있다.

분산분석의 통계치인 F값이 10.8이고, 총 투자액 간 평균 중개의뢰인 수에는 유의수준 0.05에서 통계적으로 차이가 없다는 것을 알 수 있다.

LSD사후검증은 중개의뢰인 수에 대해 총 투자액 간 평균 중개의뢰인 수에 통계적인 차이가 있는지를 분석한 결과이다. 유의수준 0.05하에서 총 투자액이 5천만 원 미만인 경우와 5천만~1억 원 미만과 2억 원 이상 간의 평균 중개의뢰인 수에는 차이가 있는 것으로 나타났다. 그리고 총 투자액이 5천만~1억 원 미만인 경우와 2억 원 이상 간을 제외한 모든 집단 간의 평균 중개의뢰인 수에는 차이가 있는 것으로 나타났다.

〈표 V.6〉 총 투자액별 중개의뢰인 수

구 분	N	평균	표준편차	F	P	DF	집단 간	(1)	(2)	(3)	(4)	(5)
(1) 5천만 원 미만	102	37	26.4				(1)					
(2) 5천만~1억 원 미만	213	47	24.0				(2)	*				
(3) 1억~1억 5천만 원 미만	126	57	25.8	10.8	0.00	470	(3)		*			
(4) 1억 5천만~2억 원 미만	21	63	22.7				(4)		*			
(5) 2억 원 이상	9	55	34.3				(5)	*				
계	471	48	26.2									

(3) 총 투자액에 따른 거래건수의 평균분석

각 가맹점의 총 투자액 간 거래건수에 관한 분석결과는 <표 V.7>이다. 총 468명 중에서 5천만 원 미만을 투자한 경우가 102명이며, 이들 가맹점의 평균 거래건수는 14건이고, 5천만~1억 원 미만인 경우는 210명이며, 평균 거래건수는 17건이며, 1억~1억 5천만 원 미만인 경우는 126명이며, 평균 거래건수는 25건이다. 또한 총 투자액이 1억 5천만~2억 원 미만인 경우는 21명이고, 평균 거래건수는 26건이며, 2억 원 이상일 경우는 9명이며, 평균 거래건수는 50건이다. 이 결과를 볼 때 총 거래건수는 총 투자액에 따라 차이가 있음을 알 수 있다.

분산분석의 통계치인 F값이 30.5이고, 총 투자액 간 평균 거래건수에는 유의수준 0.05에서 통계적으로 유의미한 차이가 있음을 것을 알 수 있다.

LSD사후검증은 총 거래건수에 대해 총 투자액 간 평균 거래건수에 통계적인 차이가 있는지를 분석한 결과이다. 유의수준 0.05하에서 총 투자액이 5천만 원 미만인 경우와 2억 원 이상 간의 평균 중개의뢰인 수에는 차이가 있는 것으로 나타났다. 그리고 총 투자액이 5천만~1억 원 미만인 경우와는 1억 5천만~2억 원 미만 간 평균 거래건수에는 차이가 있는 것으로 나타났다.

<표 V.7> 총 투자액별 총 거래건수

구 분	N	평균	표준편차	F	P	DF	집단 간	(1)	(2)	(3)	(4)	(5)
(1) 5천만 원 미만	102	14	6.1				(1)					
(2) 5천만~1억 원 미만	210	17	6.9				(2)					
(3) 1억~1억 5천만 원 미만	126	25	16.1				(3)					
(4) 1억 5천만~2억 원 미만	21	26	16.6	30.5	0.00	463	(4)					*
(5) 2억 원 이상	9	50	40.0				(5)	*				
계	468	19	13.2									

3) 營業期間別 成果에 관한 平均分析

(1) 영업기간에 따른 총 매출액의 평균분석

각 가맹점의 영업기간별 총 매출액에 관한 분석결과는 <표 V.8>이다. 총 468명 중에서 영업기간이 1년 미만인 경우가 39명이며, 이들 가맹점의 평균 매출액은 4,151,000원이고, 1~2년 미만인 경우는 78명이며, 평균 매출액은 5,076,000원이며, 2~3년 미만인 경우는 129명이며, 평균 매출액은 6,162,000원이다. 또한 영업기간이 3~4년 미만인 경우는 63명이고, 평균 매출액은 6,809,000원이며, 4~5년 미만의 경우는 42명이며, 평균 매출액은 6,499,000원이다. 또한 5년 이상의 경우는 117명이며, 평균 매출액은 10,012,000원이다. 이 결과를 볼 때 총 매출액은 영업기간에 따라 차이가 있음을 알 수 있다.

〈표 V.8〉 영업기간별 총 매출액

구 분	N	평균 (천원)	표준편차	F	P	DF	집단 간	(1)	(2)	(3)	(4)	(5)	(6)
(1) 1년 미만	39	4,151	2626511				(1)						
(2) 1~2년 미만	78	5,076	3278300				(2)						
(3) 2~3년 미만	129	6,162	3837919				(3)	*	*				
(4) 3~4년 미만	63	6,809	3268161	31.5	0.00	467	(4)	*	*				
(5) 4~5년 미만	42	6,499	2531895				(5)	*	*				
(6) 5년 이상	117	10,012	3309172				(6)	*	*	*			
계	468	19	3853622										

분산분석의 통계치인 F값이 30.5이고, 영업기간 간 평균 매출액에는 유의수준 0.05에서 통계적으로 유의미한 차이가 있음을 것을 알 수 있다.

LSD사후검증은 총 매출액에 대해 영업기간 간 평균 매출액에 통계적인 차이가 있는지를 분석한 결과이다. 유의수준 0.05하에서 영업기간이 1년 미만인 경우에는 1~2년 미만을 제외한 모든 집단 간의 평균 영업기간에는 차이가 있는 것으로 나타났다. 그리고 영업기간이 1~2년 미만인 경우에는 1년 미만을 제외한 모든 집단 간의 평균 영업기간에는 차이가 있는 것으로 나타났다.

(2) 영업기간별 중개의뢰인 수의 평균분석

각 가맹점의 영업기간별 중개의뢰인 수에 관한 분석결과는 <표 V.9>이다. 총 468명 중에서 영업기간이 1년 미만인 경우가 39명이며, 이들 가맹점의 평균 중개의뢰인 수는 40명이고, 1~2년 미만인 경우는 78명이며, 평균 중개의뢰인 수는 41명이며, 2~3년 미만인 경우는 129명이며, 평균 중개의뢰인 수는 38명이다. 또한 영업기간이 3~4년 미만인 경우는 63명이고, 평균 중개의뢰인 수는 41명이며, 4~5년 미만의 경우는 42명이며, 평균 중개의뢰인 수는 56명이다. 또한 5년 이상의 경우는 117명이며, 평균 중개의뢰인 수는 70명이다. 이 결과를 볼 때 중개의뢰인 수는 영업기간에 따라 차이가 있음을 알 수 있다.

분산분석의 통계치인 F값이 31.5이고, 영업기간 간 평균 중개의뢰인 수에는 유의수준 0.05에서 통계적으로 유의미한 차이가 있음을 것을 알 수 있다.

LSD사후검증은 중개의뢰인 수에 대해 영업기간 간 평균 중개의뢰인에 통계적인 차이가 있는지를 분석한 결과이다. 유의수준 0.05 하에서 영업기간이 1년 미만인 경우에는 4~5년 미만 간의 평균 중개의뢰인에는 차이가 있는 것으로 나타났다. 그리고 영업기간이 1~2년 미만인 경우에 4~5년 미만과 5년 이상 간의 평균 중개의뢰인 간에는 차이가 있는 것으로 나타났으며, 2~3년 미만의 경우에는 5년 이상 간의 평균 중개의뢰인 수 간에 차이가 있는 것으로 나타났다.

<표 Ⅴ.9> 영업기간별 중개의뢰인 수

구 분	N	평균	표준편차	F	P	DF	집단 간	(1)	(2)	(3)	(4)	(5)	(6)
(1) 1년 미만	39	40	25.7				(1)						
(2) 1~2년 미만	78	41	25.0				(2)						
(3) 2~3년 미만	129	38	21.6				(3)						
(4) 3~4년 미만	63	41	19.7	31.5	0.00	467	(4)						
(5) 4~5년 미만	42	56	19.7				(5)	*	*	*	*		
(6) 5년 이상	117	70	24.1				(6)		*	*		*	
계	468	49	26.3										

(3) 영업기간별 총 거래건수의 평균분석

각 가맹점의 영업기간별 총 거래건수에 관한 분석결과는 <표
Ⅴ.10>이다. 총 465명 중에서 영업기간이 1년 미만인 경우가 39명
이며, 이들 가맹점의 평균 거래건수는 13건이고, 1~2년 미만인 경
우는 78명이며, 평균 거래건수는 18건이며, 2~3년 미만인 경우는
126명이며, 평균 거래건수는 17건이다. 또한 영업기간이 3~4년 미
만인 경우는 63명이고, 평균 거래건수는 30건이며, 4~5년 미만의
경우는 42명이며, 평균 거래건수는 20건이다. 또한 5년 이상의 경
우는 117명이며, 평균 거래건수는 19건이다. 이 결과를 볼 때 총
거래건수는 영업기간에 따라 차이가 있음을 알 수 있다.

분산분석의 통계치인 F값이 11.9이고, 영업기간 간 평균 거래건
수에는 유의수준 0.05에서 통계적으로 차이가 없음을 알 수 있다.

LSD사후검증은 총 거래건수에 대해 영업기간 간 평균 거래건수

에 통계적인 차이가 있는지를 분석한 결과이다. 유의수준 0.05하에서 영업기간이 1년 미만인 경우에는 4~5년 미만과 5년 이상 간의 평균 거래건수에는 차이가 있는 것으로 나타났다. 그리고 영업기간이 1~2년 미만인 경우에는 4~5년 미만과 5년 이상 간의 평균 중개의뢰인 간에는 차이가 있는 것으로 나타났으며, 2~3년 미만의 경우에는 5년 이상 간의 평균 중개의뢰인 간에 차이가 있는 것으로 나타났다.

〈표 5 - 10〉 영업기간별 총 거래건수

구 분	N	평균	표준편차	F	P	DF	집단 간	(1)	(2)	(3)	(4)	(5)	(6)
(1) 1년 미만	39	13	5.7				(1)						
(2) 1~2년 미만	78	18	10.4				(2)						
(3) 2~3년 미만	126	17	9.8				(3)						
(4) 3~4년 미만	63	30	19.1	11.9	0.00	464	(4)						
(5) 4~5년 미만	42	20	9.3				(5)	*					
(6) 5년 이상	117	19	14.5				(6)	*					
계	465	19	13.2										

3. 假說檢定과 교차분석

같은 가맹점 간의 경쟁의 정도에 따른 가맹점의 월평균 총 매출액은 <표Ⅴ.11>에 나타난 바와 같다. 같은 가맹점 간의 경쟁의 정도에 따른 가맹점의 월평균 총 매출액은 차이가 있음을 알 수 있다.

유의수준 0.01을 만족하고 유의미한 차이를 보인다. 그러므로 프랜차이즈 중개업 간의 경쟁이 강할수록 가맹점의 성과는 낮아질 것이라는 가설 5를 채택한다.

같은 가맹점 간의 경쟁이 적은 경우 가맹점의 총 매출액은 300~500만 원 미만인 경우가 5.7%로 가장 많았으며, 경쟁이 보통인 경우와 충분한 경우에는 총 매출액이 700~1,000만 원 미만인 경우가 각각 11.5%와 8.3%로 가장 많았다.

〈표 V.11〉 같은 가맹점 간의 경쟁에 따른 월평균 매출액

구 분	적 음		보 통		높 음		계	
	N	%	N	%	N	%	N	%
100만 원 미만	9	1.9	6	1.3	3	0.6	18	3.8
100~300만 원 미만	3	0.6	51	10.8	12	2.5	66	14.0
300~500만 원 미만	27	5.7	42	8.9	36	7.6	105	22.3
500~700만 원 미만	12	2.5	24	5.1	27	5.7	63	13.4
700~1,000만 원 미만	21	4.5	54	11.5	39	8.3	114	24.2
1,000만 원 이상	15	3.2	66	14.0	24	5.1	105	22.3
계	87	18.5	243	51.6	141	29.9	471	100.0

$\chi^2 = 48.877$ d.f. = 10   P<0.01

다른 프랜차이즈와의 경쟁 정도에 따른 가맹점의 월평균 총 매출액은 〈표 V.12〉에 나타난 바와 같다. 다른 프랜차이즈와의 경쟁 정도에 따른 가맹점의 월평균 총 매출액은 차이가 있음을 알 수 있다. 유의수준 0.01을 만족하고 유의미한 차이를 보인다. 그러므로 다른

프랜차이즈 중개업 간의 경쟁이 강할수록 가맹점의 경영성과는 낮아질 것이라는 가설 5를 채택한다.

본부가 가맹점에 제공하는 정보가 불충분한 경우 가맹점의 총 매출액은 300~500만 원 미만인 경우가 5.7%로 가장 많았으며, 정보가 보통인 경우와 충분한 경우에는 총 매출액이 700~1,000만 원 미만인 경우가 각각 11.5%와 8.3%로 가장 많았다.

〈표Ⅴ.12〉 다른 프랜차이즈와의 경쟁에 따른 월평균 매출액

구 분	적 음		보 통		많 음		계	
	N	%	N	%	N	%	N	%
100만 원 미만	6	1.3	12	2.5	−	−	18	3.8
100~300만 원 미만	6	1.3	39	8.3	21	4.5	66	14.0
300~500만 원 미만	30	6.4	27	5.7	48	10.2	105	22.3
500~700만 원 미만	12	2.5	24	5.1	27	5.7	63	13.4
700~1,000만 원 미만	15	3.2	60	12.7	39	8.3	114	24.2
1,000만 원 이상	9	1.9	30	6.4	66	14.0	105	22.3
계	78	16.6	192	40.8	201	42.7	471	100.0

$\chi^2 = 63.288$ d.f. $= 10$ P<0.01

본부가 가맹점에 제공하는 정보의 정도에 따른 가맹점의 월평균 총 매출액은 <표Ⅴ.13>에 나타난 바와 같다. 본부가 가맹점에 제공하는 정보에 따른 가맹점의 월평균 총 매출액은 차이가 있음을 알 수 있다. 유의수준 0.01을 만족하고 유의미한 차이를 보인다.

그러므로 프랜차이즈 본부의 영업지원이 커지면 프랜차이즈 중개

업의 성과가 높아질 것이라는 가설 4를 채택한다.

　본부가 가맹점에 제공하는 정보가 적은 경우에는 가맹점의 월평균 총 매출액이 300~500만 원 미만인 경우가 가장 많았으며, 정보가 보통인 경우에는 1,000만 원 이상인 경우가 16.6%로 가장 많았고, 정보가 많은 경우에는 700~1,000만 원 미만인 경우가 7.0%로 가장 많았다.

〈표 Ⅴ.13〉 본부가 제공하는 정보의 정도에 따른 월평균 매출액

구 분	적 음		보 통		많 음		계	
	N	%	N	%	N	%	N	%
100만 원 미만	15	3.2	3	0.6	－	－	18	3.8
100~300만 원 미만	30	6.4	21	4.5	15	3.2	66	14.0
300~500만 원 미만	33	7.0	54	11.5	18	3.8	105	22.3
500~700만 원 미만	21	4.5	30	6.4	12	2.5	63	13.4
700~1,000만 원 미만	6	1.3	75	15.9	33	7.0	114	24.2
1,000만 원 이상	12	2.5	78	16.6	15	3.2	105	22.3
계	117	24.8	261	55.4	93	19.7	471	100.0

$\chi^2 = 97.103$　　　d.f. = 10　　　P<0.01

　본부와의 관계의 유지 정도에 따른 가맹점의 월평균 매출액은 <표Ⅴ.14>에 나타난 바와 같다. 본부와의 관계유지의 정도에 따른 가맹점의 월평균 매출액은 차이가 있음을 알 수 있다. 유의수준 0.01을 만족하고 유의미한 차이를 보인다.

<표 V.14> 관계유지의 정도에 따른 월평균 매출액

구 분	부정적		보 통		긍정적		계	
	N	%	N	%	N	%	N	%
100만 원 미만	9	1.9	6	1.3	3	0.6	18	3.8
100~300만 원 미만	6	1.3	39	8.3	21	4.5	66	14.0
300~500만 원 미만	12	2.5	30	6.4	63	13.4	105	22.3
500~700만 원 미만	3	0.6	33	7.0	27	5.7	63	13.4
700~1,000만 원 미만	33	7.0	33	7.0	48	10.2	114	24.2
1,000만 원 이상	3	0.6	72	15.3	30	6.4	105	22.3
계	66	14.0	213	45.2	192	40.8	471	100.0

$\chi^2 = 96.789$ d.f. = 10   P<0.01

그러므로 프랜차이즈 본부와 가맹점의 협력이 증대될수록 프랜차이즈 중개업의 성과는 높아질 것이라는 가설 7을 채택한다. 본부와의 관계유지가 좋지 않은 경우에는 월평균 매출액이 700~1,000만 원일 때가 가장 많으며, 총 매출액이 500~700만 원 미만인 경우가 가장 적었다. 본부와의 관계유지가 긍정적으로 좋은 경우에는 총 매출액이 300~500만 원 미만인 경우가 가장 많으며, 그 다음으로는 700~1,000만 원 미만인 경우 등의 순으로 나타났다.

주변지역의 인구통행량별 가맹점의 월평균 총 매출액은 <표 V.15>에 나타난 바와 같다. 주변지역의 인구통행량과 가맹점의 월평균 총 매출액은 차이가 있음을 알 수 있다. 유의수준 0.01을 만족하고 유의미한 차이를 보인다. 그러므로 가맹점 주변의 인구통행량 즉 입지가 좋을수록 프랜차이즈 중개업의 성과가 높아질 것이라는 가설 3을 채택한다.

　주변지역의 인구통행량이 많은 곳에 입지한 가맹점보다는 적정한 지역에 입지한 가맹점의 월평균 총 매출액이 훨씬 많다는 것을 알 수 있다.

〈표 V.15〉 인구통행량에 따른 월평균 매출액

구 분	통행량이 많음		보 통		통행량이 적음		계	
	N	%	N	%	N	%	N	%
100만 원 미만	12	2.5	6	1.3	-	0.0	18	13.8
100~300만 원 미만	9	1.9	42	8.9	15	3.2	66	14.0
300~500만 원 미만	15	3.2	60	12.7	30	6.4	105	22.3
500~700만 원 미만	9	1.9	39	8.3	15	3.2	63	13.4
700~1,000만 원 미만	6	1.3	75	15.9	33	7.0	114	24.2
1,000만 원 이상	9	1.9	54	11.5	42	8.9	105	22.3
계	60	12.7	276	58.6	135	28.7	471	100.0

$\chi^2 = 63.413$　　　　d.f. = 10　　　　P<0.01

　주변지역의 인구통행량별 가맹점의 중개의뢰인 수는 <표 V.16>에 나타난 바와 같다. 주변지역의 인구통행량과 가맹점의 월평균 중개 의뢰인 수는 차이가 있음을 알 수 있다. 따라서 유의수준 0.01을 만 족하고 유의미한 차이를 보인다. 그러므로 부동산중개가맹점 주변의 인구통행량 즉 입지가 좋을수록 프랜차이즈 중개업의 성과가 높아 질 것이라는 가설 3을 채택한다.

　주변지역의 인구통행량이 많은 지역에 입지한 가맹점의 중개의뢰 인은 전체의 12.7%를 차지하였고, 통행량이 보통인 지역에 입지한 가맹점의 중개의뢰인은 58.6%를 차지해 절반 이상을 넘었으며, 통행량이 적은 지역에 입지한 가맹점의 중개의뢰인은 통행량이 많은 지역에 입지한 가맹점보다도 많은 28.7%로 나타났다.

〈표 Ⅴ.16〉 인구통행량에 따른 중개의뢰인의 수

구 분	통행량이 많음		보 통		통행량이 적음		계	
	N	%	N	%	N	%	N	%
10명 미만	9	1.9	12	2.5	−	−	21	4.5
10~20명 미만	9	1.9	30	6.4	3	0.6	42	8.9
20~30명 미만	9	1.9	39	8.3	33	7.0	81	17.2
30~50명 미만	18	3.8	81	17.2	33	7.0	132	28.0
50~70명 미만	−	−	60	12.7	21	4.5	81	17.2
70명 이상	15	3.1	54	11.5	45	9.5	114	24.2
계	60	12.7	276	58.6	135	28.7	471	100.0

$\chi^2 = 76.215$　　　d.f. = 12　　　P<0.01

주변지역의 인구통행량별 가맹점의 월평균 거래건수는 <표 Ⅴ.17>에 나타난 바와 같다. 주변지역의 인구통행량과 가맹점의 월평균 거래건수는 차이가 있음을 알 수 있다. 따라서 유의수준 0.01을 만족하고 유의미한 차이를 보인다. 그러므로 부동산중개가맹점의 지리적 위치 즉 입지가 좋을수록 프랜차이즈 중개업의 성과가 높아질 것이라는 가설 3을 채택한다.

위의 경우와 마찬가지로 통행량이 많거나 적은 지역보다는 적정한 지역의 가맹점의 월평균 거래건수가 가장 많았으며, 그 다음은

통행량이 적은 지역과 통행량이 많은 지역의 순으로 나타났다.

〈표 V.17〉 인구통행량에 따른 월평균 거래건수

구 분	통행량이 많음		보 통		통행량이 적음		계	
	N	%	N	%	N	%	N	%
10건 미만	30	6.4	42	8.9	18	3.8	90	19.1
10~20건 미만	12	2.5	165	35.0	60	12.7	237	50.3
20~30건 미만	18	3.8	45	9.6	39	8.3	102	21.7
30~50건 미만	–	–	12	2.5	12	2.5	24	5.1
50건 이상	–	–	12	2.5	6	1.3	18	3.8
계	60	12.7	276	58.6	135	28.7	471	100.0

$\chi^2 = 69.950$ d.f. = 8   P<0.01

　교통시설상태별 가맹점의 월평균 총 매출액은 <표 V.18>에 나타
난 바와 같다. 교통시설상태별 가맹점의 월평균 총 매출액은 차이가
있음을 알 수 있다. 따라서 유의수준 0.01을 만족하고 유의미한 차
이를 보인다. 그러므로 부동산중개가맹점 주변의 대중교통시설 즉
가맹점의 입지가 좋을수록 프랜차이즈 중개업의 성과가 높아질 것
이라는 가설 3을 채택한다.
　교통시설상태가 보통이고 가맹점의 월평균 총 매출액이 700~
1,000만 원인 경우가 전체의 15.3%를 차지해 가장 많았고, 월평균
총 매출액이 1,000만 원 이상인 경우도 교통시설상태가 보통인 경
우가 가장 많았다.

<표 V.18> 교통시설상태에 따른 월평균 매출액

구 분	나 쁨		보 통		좋 음		계	
	N	%	N	%	N	%	N	%
100만 원 미만	9	1.9	6	1.3	3	0.6	18	3.8
100~300만 원 미만	9	1.9	42	8.9	15	3.2	66	14.0
300~500만 원 미만	21	4.5	48	10.2	36	7.6	105	22.3
500~700만 원 미만	-	-	45	9.6	18	3.8	63	13.4
700~1000만 원 미만	12	2.5	72	15.3	30	6.4	114	24.2
1000만 원 이상	12	2.5	51	10.8	42	8.9	105	22.3
계	63	13.4	264	56.1	144	30.6	471	100.0

$\chi^2 = 43.544$ d.f. $= 12$ P<0.01

교통시설상태별 가맹점의 중개의뢰인 수는 <표V.19>에 나타난 바와 같다. 교통시설상태별 가맹점의 중개의뢰인 수는 차이가 있음을 알 수 있다. 따라서 유의수준 0.01을 만족하고 유의미한 차이를 보인다. 그러므로 부동산중개업소 주변의 대중교통시설 즉 입지가 좋을수록 프랜차이즈 중개업의 성과가 높아질 것이라는 가설 3을 채택한다.

중개의뢰인 수가 10명 미만인 가맹점은 교통시설상태가 나쁜 곳보다는 좋은 곳에 입지한 가맹점이 더 많았으며, 중개의뢰인이 70명 이상인 가맹점의 경우는 교통시설상태가 보통인 경우에 가장 많았다.

<表 V.19> 교통시설상태에 따른 중개의뢰인 수

구 분	나 쁨		보 통		좋 음		계	
	N	%	N	%	N	%	N	%
10명 미만	6	1.3	12	2.5	3	0.6	21	4.5
10~20명 미만	6	1.3	27	5.7	9	1.9	42	8.9
20~30명 미만	18	3.8	30	6.4	33	7.0	81	17.2
30~50명 미만	24	5.1	66	14.0	42	8.9	132	28.0
50~70명 미만	3	0.6	54	11.5	24	5.1	81	17.2
70명 이상	6	1.2	75	15.9	33	7.0	114	24.2
계	63	13.4	264	56.1	144	30.6	471	100.0

$\chi^2 = 43.544$ d.f. = 12   P<0.01

교통시설상태별 가맹점의 월평균 거래건수는 <표 V.20>에 나타난 바와 같다. 교통시설상태별 가맹점의 월평균 거래건수는 차이가 있음을 알 수 있다. 따라서 유의수준 0.01을 만족하고 유의미한 차이를 보인다. 그러므로 부동산중개업소 주변의 대중교통시설 즉, 가맹점의 입지가 좋을수록 프랜차이즈 중개업의 성과가 높아질 것이라는 가설 3을 채택한다.

교통시설상태가 보통이고 가맹점의 월평균 거래건수가 10~20건 미만인 경우가 가장 많았으며, 중개의뢰건수가 50건 이상인 경우는 교통시설이 나쁜 곳은 한 군데도 없었고, 보통인 경우와 좋은 경우가 각각 1.9를 차지했다.

<표 Ⅴ.20> 교통시설상태에 따른 월평균 거래건수

구 분	나 쁨		보 통		좋 음		계	
	N	%	N	%	N	%	N	%
10건 미만	18	3.8	42	8.9	30	6.4	90	19.1
10~20건 미만	36	7.6	153	32.5	48	10.2	237	50.3
20~30건 미만	6	1.3	54	11.5	42	8.9	102	21.7
30~50건 미만	3	0.3	6	1.3	15	3.2	24	5.1
50건 이상	−	−	9	1.9	9	1.9	18	3.8
계	63	13.4	264	56.1	144	30.6	471	100.0

$\chi^2 = 41.589$ d.f. = 8   P<0.01

가맹점의 입지지역별 월평균 총 매출액은 <표Ⅴ.21>에 나타난 바
와 같다. 가맹점의 입지지역별 월평균 총 매출액은 차이가 있음을 알
수 있다. 따라서 유의수준 0.01을 만족하고 유의미한 차이를 보인다.

<표 Ⅴ.21> 입지지역에 따른 월평균 매출액

구 분	중 심 상업지구		부도심 상업지역		주 택 밀집지역		주택저밀 집지역		아파트 지 구		공업지역		계	
	N	%	N	%	N	%	N	%	N	%	N	%	N	%
100만 원 미만	−	−	−	−	6	1.3	6	1.3	6	1.3	−	−	18	4.0
100~300만 원 미만	−	−	6	1.3	24	5.4	6	1.3	24	5.4	3	0.7	63	14.1
300~500만 원 미만	−	−	12	2.7	30	6.7	3	0.7	48	10.7	9	2.0	102	22.8
500~700만 원 미만	3	0.7	12	2.7	6	1.3	−	−	36	8.1	−	−	57	12.8
700~1,000만 원 미만	3	0.7	15	3.4	6	1.3	9	2.0	75	16.8	−	−	108	24.2
1,000만 원 이상	15	3.4	15	3.4	3	0.7	3	0.7	63	14.1	−	−	99	22.1
계	21	4.7	60	13.4	75	16.8	27	6.0	252	56.4	12	2.7	447	100.0

$\chi^2 = 154.371$ d.f. = 25   P<0.01

그러므로 부동산중개업소의 지리적 위치는 프랜차이즈 중개업의 성과에 영향을 미칠 것이다. 따라서 가설 3을 채택한다.

중심상업지구에 입지한 가맹점의 경우에는 월평균 총 매출액이 500만 원 미만인 경우는 한 군데도 없는 반면, 공업지역에 입지한 가맹점의 경우에는 월평균 총 매출액이 500만 원 미만인 경우가 한 군데도 없다.

가맹점의 입지지역별 월평균 중개의뢰인의 수는 <표Ⅴ.22>에 나타난 바와 같다. 가맹점의 입지지역별 월평균 중개의뢰인의 수는 차이가 있음을 알 수 있다. 따라서 유의수준 0.01을 만족하고 유의미한 차이를 보인다. 그러므로 부동산중개업소의 지리적 위치 즉 입지가 좋을수록 프랜차이즈 중개업의 성과가 높을 것이라는 가설 3을 채택한다.

아파트지구가 다른 지역과 비교하여 월평균 중개의뢰인 수가 가장 많고, 월평균 중개의뢰인 수가 30~50건인 경우가 가장 많았다.

〈표 Ⅴ.22〉 입지지역에 따른 월평균 중개의뢰인의 수

구 분	중 심 상업지구		부도심 상업지역		주택밀집 지역		주택저밀 집지역		아파트 지구		공업 지역		계	
	N	%	N	%	N	%	N	%	N	%	N	%	N	%
10명 미만	–	–	–	–	6	1.3	3	0.7	3	0.7	3	0.7	15	3.4
10~20명 미만	–	–	12	2.7	9	2.0	12	2.7	3	0.7	6	1.3	42	9.4
20~30명 미만	3	0.7	9	2.0	21	4.7	–	–	45	10.1	3	0.7	81	18.1
30~50명 미만	9	2.0	18	4.0	18	4.0	6	1.3	78	17.4	–	–	129	28.9
50~70명 미만	–	–	12	2.7	12	2.7	–	–	51	11.4	–	–	75	16.8
70명 이상	9	2.0	9	2.0	9	2.0	6	1.4	72	16.1	–	–	105	23.5
계	21	4.7	60	13.4	75	16.8	27	6.0	252	56.4	12	2.7	447	100.0

$\chi^2 = 181.278$　　　d.f. $= 30$　　　P<0.01

가맹점의 입지지역별 월평균 거래건수는 <표Ⅴ.23>에 나타난 바와 같다. 가맹점의 입지지역별 월평균 거래건수는 차이가 있음을 알 수 있다. 따라서 유의수준 0.01을 만족하고 유의미한 차이를 보인다. 그러므로 부동산중개업소의 지리적 위치는 프랜차이즈 중개업의 성과에 영향을 미치는 것이다.

아파트지구가 다른 지역에 비해 월평균 거래건수가 가장 많고, 그중 특히 월평균 거래건수가 10~20 미만인 가맹점이 가장 많은 비중을 차지하고 있다.

<표 Ⅴ.23> 입지지역에 따른 월평균 거래건수

구 분	중 심 상업지구		부도심 상업지역		주 택 밀집지역		주택저밀 집지역		아파트 지 구		공업지역		계	
	N	%	N	%	N	%	N	%	N	%	N	%	N	%
10건 미만	−	−	9	2.0	30	6.7	12	2.7	30	6.7	3	0.7	84	18.8
10~20건 미만	6	1.3	27	6.0	15	3.4	12	2.7	162	36.2	3	0.7	225	50.3
20~30건 미만	6	1.3	12	2.7	21	4.7	3	0.7	48	10.7	6	1.3	96	21.5
30~50건 미만	6	1.3	9	2.0	6	1.3	−	−	3	0.7	−	−	24	5.4
50건 이상	3	0.7	3	0.7	3	0.7	−	−	9	2.0	−	−	18	4.0
계	21	4.7	60	13.4	75	16.8	27	6.0	252	56.4	12	2.7	447	100.0

$\chi^2 = 124.540$ d.f. = 20   P<0.01

중개대상물 수에 따른 가맹점의 월평균 총 매출액은 <표Ⅴ.24>에 나타난 바와 같다. 중개대상물 수에 따른 가맹점의 월평균 총 매출액은 차이가 있음을 알 수 있다. 따라서 유의수준 0.01을 만족하고 유의미한 차이를 보인다.

212

중개대상물이 적은 가맹점의 경우는 월평균 총 매출액이 300~
500만 원 미만인 경우가 가장 많고, 중개대상물이 많은 가맹점의
경우는 1,000만 원 이상인 경우가 가장 많았다.

〈표 Ⅴ.24〉 중개대상물 수에 따른 월평균 매출액

구 분	적 음		보 통		많 음		계	
	N	%	N	%	N	%	N	%
100만 원 미만	9	1.9	6	1.3	3	0.6	18	3.8
100~300만 원 미만	15	3.2	30	6.4	21	4.5	66	14.0
300~500만 원 미만	21	4.5	54	11.5	30	6.4	105	22.3
500~700만 원 미만	6	1.3	42	8.9	15	3.2	63	13.4
700~1,000만 원 미만	12	2.5	69	14.6	33	7.0	114	24.2
1,000만 원 이상	15	3.2	51	10.8	39	8.3	105	22.3
계	78	16.6	252	53.5	141	29.9	471	100.0

$\chi^2 = 28.810$ d.f. = 10 P<0.01

중개대상물 수에 따른 가맹점의 월평균 중개의뢰인 수는 〈표
Ⅴ.25〉에 나타난 바와 같다.

<표 V.25> 중개대상물 수에 따른 월평균 중개의뢰인 수

구 분	적 음		보 통		많 음		계	
	N	%	N	%	N	%	N	%
10명 미만	9	1.9	6	1.3	6	1.3	21	4.5
10~20명 미만	15	3.2	18	3.8	9	1.9	42	8.9
20~30명 미만	3	0.6	48	10.2	30	6.4	81	17.2
30~50명 미만	30	6.4	66	14.0	36	7.6	132	28.0
50~70명 미만	3	0.6	51	10.8	27	5.7	81	17.2
70명 이상	18	3.8	63	13.4	33	7.0	114	24.2
계	78	16.6	252	53.5	141	29.9	471	100.0

$\chi^2 = 47.567$ d.f. = 12   P<0.01

중개대상물 수에 따른 가맹점의 월평균 중개의뢰인 수는 차이가 있음을 알 수 있다. 따라서 유의수준 0.01을 만족하고 유의미한 차이를 보인다.

중개대상물 수가 적고 많은 경우 모두 중개의뢰인은 30~50명인 경우가 가장 많았다.

중개대상물 수에 따른 가맹점의 월평균 거래건수는 <표 V.26>에 나타난 바와 같다. 중개대상물 수에 따른 가맹점의 월평균 거래건수는 차이가 있음을 알 수 있다. 따라서 유의수준 0.01을 만족하고 유의미한 차이를 보인다.

중개대상물 수가 많고 적음에 관계없이 월평균 거래건수는 10~20건 미만인 가맹점이 가장 많았다.

<表 V.26> 중개대상물 수에 따른 월평균 거래건수

구 분	적 음		보 통		많 음		계	
	N	%	N	%	N	%	N	%
10건 미만	27	5.7	42	8.9	21	4.5	90	19.1
10~20건 미만	39	8.3	150	31.8	48	10.2	237	50.3
20~30건 미만	9	1.9	48	10.2	45	9.6	102	21.7
30~50건 미만	3	0.6	3	0.6	18	3.8	24	5.1
50건 이상	−	−	9	1.9	9	1.9	18	3.8
계	78	16.6	252	53.5	141	29.9	471	100.0

$\chi^2 = 64.416$ d.f. = 8 P<0.01

4. 成果要因分析

프랜차이즈 중개업의 경영성과를 보다 심층 분석하기 위하여 회귀분석을 실시한 결과이다. 경영성과에 관한 결정요인을 총 매출액에 관한 成果決定要因, 仲介依賴人數의 成果決定要因, 總去來件數의 成果決定要因으로 나누어 分析하였다.

1) 總賣出額의 成果決定要因

월평균 총 매출액을 종속변수로 측정한 모형은 <표 V-27>이다. 분석결과에 따르면 면적, 총 투자액, 영업기간, 인구통행량, 정보제공, 교육 및 훈련프로그램, 교육훈련지원, 경영관리, 인테리어 지원

설계, 사후관리, 일반 중개업소와 경쟁 변수는 1% 유의수준에서 유의성이 있는 것으로 나타났다. 교육훈련지원과 인테리어 지원 설계의 부호의 방향은 부(-)의 방향으로 나타나 교육훈련지원과 인테리어 지원 설계와 총 매출액은 반비례의 관계에 있고, 나머지 변수들은 모두 부호의 방향이 정(+)의 방향으로 나타나 면적이 넓을수록, 총 투자액이 많을수록, 영업기간이 길수록, 인구통행량이 많을수록, 정보제공이 많을수록, 교육 및 훈련프로그램이 많을수록, 경영관리가 잘될수록, 사후관리가 잘될수록, 그리고 일반 중개업소와 경쟁이 치열할수록 총 매출액이 높다는 것을 알 수 있다.

본부와 관계유지, 프랜차이즈 변경 의사, 가맹점 간의 경쟁변수는 5% 유의수준에서 유의성이 있는 것으로 나타났다. 부호의 방향은 세 변수 모두 부(-)의 방향으로 나타나 이 세 변수와 총 매출액은 반비례 관계에 있음을 알 수 있다.

또한, 다른 프랜차이즈와 경쟁변수는 10% 유의수준에서 유의성이 있는 것으로 나타났으며, 부호의 방향은 정(+)의 방향으로 나타나 다른 프랜차이즈와 경쟁이 심할수록 총 매출액이 많아진다는 것을 알 수 있다.

그러므로 프랜차이즈 중개업의 재무능력이 높을수록 경영성과가 높다는 가설 1을 채택한다. 또한 프랜차이즈 가맹점의 경영경험이 많을수록 프랜차이즈 중개업의 경영성과가 높다는 가설 2를 채택한다.

〈표 V.27〉 총 매출액에 영향을 미치는 요인

모 형 1	비표준화 계수		표준화 계수	t	유의확률
	B	표준오차	베타		
면 적	108541.0***	997477.3	0.15	4.24	0.00
총 투자액	1.84E-02***	25574.5	0.20	5.01	0.00
영업기간	31884.42***	0.004	0.22	5.42	0.00
지리적 위치	530087.0*	5874.8	0.09	1.89	0.05
인구통행량	396053.3***	280183.8	0.12	2.68	0.00
교통시설상태	-63506.4	147667.2	-0.02	-0.47	0.63
정보제공	918553.2***	135236.9	0.21	3.60	0.00
광고활동	-69542.4	254954.8	-0.01	-0.30	0.76
교육 및 훈련프로그램	1234637***	230438.9	0.28	5.55	0.00
교육효과	22413.08	222229.9	0.00	0.09	0.92
교육훈련지원	-650207***	229900.3	-0.18	-2.64	0.00
경영관리	-868959***	245743.6	-0.25	-3.62	0.00
인테리어지원 설계	-1124142***	239923.0	-0.37	-6.02	0.00
사후관리	1413834***	186651.3	0.43	5.40	0.00
본부와 관계유지	-607268**	261644.0	-0.13	-2.18	0.03
본부에 대한 만족도	-171760	278515.9	-0.04	-0.67	0.50
본부와 관계강화	316749.3	254441.9	0.06	1.37	0.17
타 가맹점과 차별	-140079	230458.9	-0.03	-0.64	0.52
프랜차이즈 변경 의사	-297095**	217763.4	-0.09	-2.55	0.01
본부의 신뢰도	-78161.1	116444.2	-0.01	-0.41	0.68
가맹점 간의 경쟁	-383020**	190505.8	-0.10	-2.53	0.01
타 프랜차이즈와 경쟁	358279.2*	151233.7	0.09	1.89	0.05
일반 중개업소와 경쟁	673305.5***	188636.3	0.15	3.57	0.00
상 수	-2864243***	188396.3	-	-2.87	0.00
조정된 R²	0.531				
F23,435	23.517				

주: *** 1% 수준의 유의성, ** 5% 수준의 유의성, * 10% 수준의 유의성.

2) 仲介依賴人數의 成果決定要因

월평균 중개의뢰인 수에 영향을 미치는 요인의 분석은 <표Ⅴ.28>이다. 이 분석은 월평균 중개의뢰인의 수를 종속변수로 하여 분석한 결과이다. 분석한 결과에 의하면 총 투자액, 지리적 위치, 사후관리, 본부와 관계강화 그리고 다른 가맹점과 차별 등의 변수는 1% 유의수준에서 유의성이 있는 것으로 나타났다. 또한 부호의 방향은 타 가맹점과 차별 변수를 제외하고는 정(+)의 방향으로 나타나 총 투자액이 많고, 지리적 위치가 좋으며, 사후관리가 잘되고, 본부와 유대관계가 잘 이루어지는 가맹점일수록 월평균 중개의뢰인 수가 많다는 것을 알 수 있고, 타 가맹점과 차별 변수는 부(-)의 방향으로 나타나 월평균 중개의뢰인 수에 반비례한다는 것을 알 수 있다.

광고활동, 본부의 신뢰도 변수는 5% 유의수준에서 유의성이 있는 것으로 나타났으며, 부호의 방향은 둘 다 정(+)의 방향으로 나타나 광고활동을 활발하게 하고, 본부의 신뢰도가 높을수록 가맹점의 월평균 중개의뢰인 수는 많다는 것을 알 수 있다.

교육훈련지원, 프랜차이즈 변경 의사, 그리고 가맹점 간 경쟁 변수는 10% 유의수준에서 유의성이 있는 것으로 나타났으며, 그중 프랜차이즈 변경 의사와 가맹점 간 경쟁 변수는 정(+)의 방향으로 나타나 월평균 중개의뢰인 수에 비례한다는 것을 알 수 있고, 교육훈련지원 변수는 부(-)의 방향으로 나타나 월평균 중개의뢰인 수에 반비례한다는 것을 알 수 있다.

그러므로 不動産仲介業의 총 투자액 즉 재무능력이 높을수록 프랜차이즈 중개업의 성과가 높아질 것이라는 가설 1, 부동산중개업소의 지리적 위치 즉 입지가 좋을수록 프랜차이즈 중개업의 성과가 증대될 것이라는 가설 3, 프랜차이즈 본부의 광고 활동 즉 프랜차이즈 본부의 영업지원이 커지면 프랜차이즈 중개업의 성과가 높아질 것이라는 가설 4, 프랜차이즈 본부와의 협력이 증대될수록 프랜차이즈 중개업의 성과가 높아질 것이라는 가설 7, 그리고 동종 프랜차이즈 가맹점 간의 경쟁이 강할수록 프랜차이즈 중개업의 성과는 낮아질 것이라는 가설 5를 채택한다.

〈표 V.28〉 중개의뢰인 수에 영향을 미치는 요인

모 형 2	비표준화 계수		표준화 계수	t	유의확률
	B	표준오차	베타		
면 적	−1.6E−02	0.10	−0.00	−0.15	0.88
총 투자액	1.09E−07***	0.00	0.35	7.19	0.00
영업기간	−4.3E−03	0.02	−0.00	−0.17	0.85
지리적 위치	3.09***	1.16	0.16	2.66	0.00
인구통행량	0.18	0.61	0.01	0.29	0.76
교통시설상태	−0.71	0.55	−0.06	−1.27	0.20
정보제공	0.68	1.06	0.04	0.64	0.52
광고활동	2.18**	0.95	0.16	2.28	0.02
교육 및 훈련프로그램	−1.00	0.92	−0.06	−1.08	0.28
교육효과	−0.82	0.98	−0.05	−0.84	0.40
교육훈련지원	−1.89*	1.01	−0.15	−1.86	0.06
경영관리	1.70*	0.99	0.14	1.71	0.08
인테리어지원 설계	−0.94	0.78	−0.09	−1.21	0.22
사후관리	3.45***	1.08	0.30	3.18	0.00
본부와 관계유지	−1.76	1.15	−0.11	−1.53	0.12

모 형 2	비표준화 계수		표준화 계수	t	유의확률
	B	표준오차	베타		
본부에 대한 만족도	−0.78	1.06	−0.05	−0.73	0.46
본부와 관계강화	2.85***	0.95	0.17	2.98	0.00
타 가맹점과 차별	−4.14***	0.90	−0.26	−4.60	0.00
프랜차이즈 변경 의사	0.87*	0.48	0.08	1.81	0.07
본부의 신뢰도	1.82**	0.79	0.12	2.31	0.02
가맹점 간의 경쟁	1.15*	0.64	0.08	1.79	0.07
타 프랜차이즈와 경쟁	0.36	0.78	0.02	0.46	0.64
일반 중개업소와 경쟁	1.05	0.78	0.06	1.35	0.17
상 수	−10.21**	4.13	−	−2.47	0.01
조정된 R^2	0.321				
F23,432	10.335				

주: *** 1% 수준의 유의성, ** 5% 수준의 유의성, * 10% 수준의 유의성.

3) 總去來件數의 成果決定要因

총 거래건수에 영향을 미치는 요인에 대한 회귀분석의 결과는 <표 Ⅴ.29>이다. 이 분석은 총 거래건수를 종속변수로 측정한 모형이다. 분석한 결과에 따르면 면적, 영업기간, 지리적 위치, 교육효과, 경영 관리, 본부와 관계강화, 타 가맹점과 차별, 그리고 프랜차이즈 변경 의사 변수는 1% 유의수준에서 유의성이 있는 것으로 나타났다. 부호 의 방향은 경영관리, 타 가맹점과 차별, 그리고 프랜차이즈 변경 의 사 변수는 부(−)의 방향으로 나타나 총 거래건수와 반비례관계에 있 다는 것을 알 수 있고, 그 외 변수의 경우는 면적이 넓을수록, 영업 기간이 길수록, 지리적 위치가 좋을수록, 교육효과가 클수록, 본부와 유대관계가 강할수록 총 거래건수도 많다는 것을 알 수 있다.

인테리어 지원 설계, 사후관리 그리고 가맹점 간의 경쟁은 5% 유의수준에서 유의성이 있는 것으로 나타났으며, 사후관리와 가맹점 간의 경쟁 변수의 부호의 방향은 정(+)의 방향으로 나타나 사후관리가 철저하고 가맹점 간의 경쟁이 치열할수록 총 거래건수가 많다는 것을 알 수 있으며, 인테리어 지원 설계 변수는 부(-)의 방향으로 나타나 총 거래건수와는 반비례관계에 있다는 것을 알 수 있다.

또한 교통시설상태와 정보제공 변수는 10% 유의수준에서 유의성이 있는 것으로 나타났으며, 교통시설상태 변수의 부호의 방향은 부(-)의 방향으로 나타나 총 거래건수와는 반비례관계에 있으며, 정보제공 변수의 경우는 정보제공이 원활히 잘 이루어질수록 총 거래건수도 많아진다는 것을 알 수 있다.

그러므로 不動産仲介業所의 면적 즉 재무능력이 높을수록 프랜차이즈 중개업의 성과가 높아질 것이라는 가설 1, 부동산중개업소의 지리적 위치 즉 입지가 좋을수록 프랜차이즈 중개업의 성과가 증대될 것이라는 가설 3, 프랜차이즈 본부가 제공하는 정보, 프랜차이즈 본부의 교육 및 프로그램의 다양성 즉 프랜차이즈 본부의 영업지원이 커지면 프랜차이즈 중개업의 성과가 높아질 것이라는 가설 4, 프랜차이즈 본부와의 유기적인 관계의 유지 즉 프랜차이즈 본부와의 협력이 증대될수록 프랜차이즈 중개업의 성과가 높아질 것이라는 가설 7, 프랜차이즈 본부와의 협력이 증대될수록 프랜차이즈 중개업의 성과가 높아질 것이라는 가설 7, 동종 프랜차이즈 가맹점 간의 경쟁이 강할수록 프랜차이즈 중개업의 성과는 낮아질 것이라는 가설 5를 채택한다.

〈표 V.29〉총 거래건수에 영향을 미치는 요인의 분석

모 형 3	비표준화 계수		표준화 계수	t	유의확률
	B	표준오차	베타		
면 적	−0.67***	0.17	−0.14	−3.83	0.00
총 투자액	2.91E−08	0.00	0.04	1.14	0.25
영업기간	0.24***	0.04	0.25	5.90	0.00
지리적 위치	18.10***	1.93	0.47	9.33	0.00
인구통행량	−1.29	1.02	−0.06	−1.26	0.20
교통시설상태	−2.28*	0.93	−0.11	−2.44	0.01
정보제공	3.59*	1.76	0.12	2.03	0.04
광고활동	−0.72	1.59	−0.02	−0.45	0.64
교육 및 훈련프로그램	−1.83	1.53	−0.06	−1.19	0.23
교육효과	4.83***	1.59	0.15	3.03	0.00
교육훈련지원	−1.03	1.70	−0.04	−0.61	0.54
경영관리	−7.03***	1.66	−0.30	−4.23	0.00
인테리어지원 설계	−2.54**	1.29	−0.12	−1.97	0.04
사후관리	4.33**	1.81	0.19	2.39	0.01
본부와 관계유지	2.15	1.92	0.07	1.11	0.26
본부에 대한 만족도	−1.13	1.76	−0.03	−0.64	0.51
본부와 관계강화	6.85***	1.59	−0.20	4.29	0.00
타 가맹점과 차별	−7.73***	1.50	−0.24	−5.13	0.00
프랜차이즈 변경 의사	−3.95***	0.80	−0.18	−4.90	0.00
본부의 신뢰도	−5.1E−02	1.31	−0.00	−0.03	0.96
가맹점 간의 경쟁	2.32**	1.04	0.09	2.22	0.02
타 프랜차이즈와 경쟁	1.30	1.30	0.05	1.00	0.31
일반 중개업소와 경쟁	1.01	1.30	0.03	0.77	0.43
상 수	−14.75**	6.90	−	−2.13	0.03
조정된 R^2	0.515				
F23,435	22.139				

주: *** 1% 수준의 유의성, ** 5% 수준의 유의성, * 10% 수준의 유의성.

5. 分析綜合

　본 연구에서 설문조사를 통해 분석한 내용을 살펴보면 조사대상자는 무작위 표출된 총 5백 부가 표집되었으나 설문지 중에서 부적절한 답변을 제외한 471부를 분석대상으로 하였다. 이 결과 제시된 조사대상자의 일반적 특징을 살펴보면 다음과 같다. 조사대상자의 성별분포현황은 총 471명 중 남자 295명(62.6%), 여자 176명 (37.4%)으로 나타났으며, 연령 분포는 29세 미만이 6명(1.3%), 39세 미만 54명(11.5%), 49세 미만 228명(48.4%), 59세 미만 168명 (35.7%), 60세 이상 15명(3.2%) 등으로 나타나 40세에서 60세 미만이 대부분을 차지하고 있다. 학력분포를 살펴보면 고졸 이하 111명 (23.6%), 대졸 321명(68.2%), 대학원졸 27명(5.7%)으로 나타났으며, 공인중개사 자격증 소지 여부 분포를 살펴보면 공인중개사 자격증이 있는 경우가 429명(91.1%), 없는 경우가 39명(8.3%)으로 대다수가 공인중개사 자격증을 소지하고 있는 것으로 나타났다. 부동산중개업 경력 분포를 살펴보면 5년 미만 185명(39.5%), 5년 이상 285명(60.5%)으로 나타나 비교적 중개업 경력이 많음을 알 수 있다.

　프랜차이즈 중개업의 경영성과에 관한 집단별 평균분석을 실시한 결과는 다음과 같다.

　첫째, 총 매출액은 가맹점의 면적에 따라 차이가 있음을 알 수 있으며, 이 분석결과에 따라 총 매출액에 대한 중개업소의 면적의 차이는 유의수준 0.05에서 집단 간의 평균이 같지 않은 것으로 나타났다. 둘째, 총 매출액은 가맹점의 총 투자액에 따라 차이가 있으며, 셋째, 총 매출액은 중개업소의 영업기간에 따라 차이가 있는 것으로 나타났다. 넷째, 중개의뢰인 수는 가맹점의 면적에 따라 차이가 있고, 다섯째, 총 투자액이 증가할수록 중개의뢰인이 증가하는 것을 알 수 있었으며, 여섯째, 중개의뢰인 수는 영업기간에 따라 차이가 있는 것으로 나타났다. 일곱째, 총 거래건수는 면적에 따라 차이가 있고, 여덟째, 투자를 많이 한 가맹점일수록 거래건수가 많아지고, 총 거래건수는 총 투자액에 따라 차이가 있으며, 아홉째, 총 거래건수는 영업기간에 따라 차이가 있는 것으로 나타났다.

프랜차이즈 중개업의 경영성과에 관한 교차분석을 실시한 결과, 같은 가맹점 간의 경쟁의 정도에 따른 가맹점의 월평균 총 매출액은 차이가 있음을 알 수 있다. 유의수준 0.01을 만족하고 유의미한 차이를 보인다. 그러므로 동종 프랜차이즈 중개업 간의 경쟁이 강할수록 프랜차이즈 중개업의 성과는 낮아질 것이라는 가설 5를 채택한다.

다른 프랜차이즈와의 경쟁 정도에 따른 가맹점의 월평균 총 매출액은 차이가 있음을 알 수 있다. 유의수준 0.01을 만족하고 유의미한 차이를 보인다. 그러므로 프랜차이즈 다른 가맹점 간의 경쟁 정도는 프랜차이즈 중개업의 성과에 영향을 미친다.

본부가 제인점에 제공하는 정보에 따른 가맹점의 월평균 총 매출액은 차이가 있음을 알 수 있다. 유의수준 0.01을 만족하고 유의미한 차이를 보인다. 그러므로 프랜차이즈 본부가 제공하는 영업지원이 커지면 프랜차이즈 중개업의 성과가 높아질 것이라는 가설 4를 채택한다.

본부와의 관계유지의 정도에 따른 가맹점의 월평균 매출액은 차이가 있음을 알 수 있다. 유의수준 0.01을 만족하고 유의미한 차이를 보인다. 그러므로 프랜차이즈 본부와의 협력이 증대될수록 프랜차이즈 중개업의 성과는 증대될 것이라는 가설 7을 채택한다.

주변지역의 인구통행량과 가맹점의 월평균 매출액은 차이가 있음을 알 수 있다. 유의수준 0.01을 만족하고 유의미한 차이를 보인다. 그러므로 부동산중개업소 주변의 인구통행량 즉 입지가 좋을수록 프랜차이즈 중개업의 성과가 증대될 것이라는 가설 3을 채택한다.

교통시설상태별 가맹점의 월평균 총 매출액은 차이가 있음을 알 수 있다. 따라서 유의수준 0.01을 만족하고 유의미한 차이를 보인다. 그러므로 부동산중개업소 주변의 대중교통시설 즉 입지가 좋을수록 프랜차이즈 중개업의 성과가 증대될 것이라는 가설 3을 채택한다.

가맹점의 입지지역별 월평균 총 매출액은 차이가 있음을 알 수 있다. 따라서 유의수준 0.01을 만족하고 유의미한 차이를 보인다. 그러므로 부동산중개업소의 지리적 위치 즉 입지가 좋을수록 프랜차이즈 중개업의 성과가 증대될 것이라는 가설 3을 채택한다.

중개대상물 수에 따른 가맹점의 월평균 총 매출액은 차이가 있음을 알 수 있다. 따라서 유의수준 0.01을 만족하고 유의미한 차이를 보인다. 그러므로 프랜차이즈 본부가 제공하는 영업지원이 커지면 프랜차이즈 중개업의 성과가 높아질 것이라는 가설 4를 채택한다.

프랜차이즈 중개업의 경영성과에 영향을 미치는 요인 분석을 실시하였다. 프랜차이즈 중개업의 경영성과에 관한 요인분석을 종합적으로 정리하면 아래와 같다

첫째, 중개사무소 면적이 총 매출액에 영향을 미치는 성과요인분석에서는 정(+)의 값이 나타나고, 중개의뢰인 수에 영향을 미치는

성과요인분석에서는 부(-)의 값이 나타나고, 총 거래건수에 영향을 미치는 성과요인분석에서는 부(-)의 값이 나타난다. 이는 중개사무소의 면적이 넓어질수록 총 매출액은 증가하지만 중개의뢰인 수나 총 거래건수가 반드시 증가하는 것이 아니라는 결과는 사무소 면적이 넓을수록 거래가액이 커지는 것을 알 수 있다.

둘째, 총 투자액의 경우에는 총 매출액, 중개의뢰인 수, 총 거래건수에 영향을 미치는 성과요인분석에서 모든 성과요인에 영향을 미치고 있다. 따라서 프랜차이즈 중개업의 성과를 향상시키기 위하여 적절한 수준의 총 투자액을 투입하여야 한다.

셋째, 영업기간이 총 매출액과 총 거래건수에 영향을 미치는 성과요인분석에서는 정(+)의 값이 나타나고, 중개의뢰인 수에 영향을 미치는 성과요인분석에서는 부(-)의 값을 나타내고 있다. 따라서 영업기간 즉 경력이 많을수록 총 매출액과 총 거래건수에 영향을 미치며, 중개의뢰인 수보다는 성과에 직접적인 영향을 미치는 총 매출액과 총 거래건수에 영향을 미치는 것으로 나타났다.

넷째, 입지변수 중 지리적 위치는 중개의뢰인 수, 총 거래건수에 영향을 많이 미치며 인구통행량은 총 매출액에 가장 큰 영향을 미치는 요인이며, 교통시설 상태는 총 거래건수와 총 매출액의 요인분석에서 부(-)의 값이 나타나고, 중개의뢰인 수에 영향을 미치는 성과요인분석에서는 영향이 거의 없는 것으로 나타났다.

따라서 프랜차이즈 중개업은 지리적 위치를 고려하고 인구통행량을 조사하여 입지하여야 경영성과를 높일 수 있다는 것을 의미한다. 본부 특성 중 정보제공 정도에 따른 변수는 총 매출액에 영향을 미치며 총 거래건수와 중개의뢰인의 수에 미치는 영향은 미미한 것으로 나타났다. 프랜차이즈 중개업의 경우 정보는 곧 성과와 직결되므로 총 매출액에 상당한 영향을 미치는 것으로 나타났다.

다섯째, 광고활동이 성과에 미치는 영향을 분석한 결과 총 매출액과 중개의뢰인의 수에는 상당한 영향을 미치며, 총 거래건수에 미치는 영향은 미미한 것으로 나타났다. 이는 프랜차이즈 본부의 광고지원이 많으면 많을수록 경영성과가 높다는 것을 알 수 있다. 따라서 프랜차이즈 시스템에서 프랜차이즈 본부의 광고지원을 강화하여야 할 것이다.

여섯째, 교육 및 교육훈련프로그램, 교육의 효과, 교육훈련지원 변수 중 교육 및 교육훈련프로그램이 다양하고 우수할 경우 총 매출액을 증가시킬 수 있으며, 교육 및 교육훈련프로그램, 교육지원의 변수는 중개의뢰인 수와 총 거래건수에는 반비례하는 것으로 나타난 결과는 프랜차이즈 중개업의 경영자가 교육훈련을 효과적으로 받으면 중개업 경영을 효율적으로 운영하기 때문에 총 거래건수·중개의뢰인의 수보다는 총 매출액에 중점을 두고 경영하는 것을 의미한다.

일곱째, 경영관리·인테리어설계 지원 등은 경영성과에 부의 영향을 미치는 것으로 나타났다. 이는 프랜차이즈 시스템에 대한 경영자의 불만이 그만큼 많다는 것을 의미한다. 사무소 인테리어 비용 등이 투자한 만큼 성과에 기여하지 못하고 있다는 것을 의미하기도 한다.

여덟째, 사후관리변수는 총 매출액, 중개의뢰인의 수, 총 거래건수 등 성과에 많은 영향을 미치는 것으로 나타났다. 이는 프랜차이즈 중개업을 개업한 후 프랜차이즈 본부에서 프랜차이즈 가맹점에 정보망 가동, 경영기법 제공, 정보제공 등의 사후관리를 효과적으로 하면 경영성과에 기여한다는 것을 의미한다. 따라서 프랜차이즈 중개업의 경우에는 프랜차이즈 가맹점으로 가입하더라도 사후관리를 철저히 하는 프랜차이즈 본부를 선택하여야만 경영성과를 극대화할 수 있을 것이다.

아홉째, 프랜차이즈 본부와의 관계를 강화하려는 정도에 따라 총 거래건수, 중개의뢰인의 수에 영향을 미치고 있는 것으로 나타났다. 이는 프랜차이즈 본부와의 관계 특성일 수도 있지만 不動産仲介業의 특성상 중개업 경영자의 적극적이고, 진취적인 태도가 경영성과에 영향을 미치는 것으로 해석할 수 있다.

열째, 경쟁 특성변수 중 같은 가맹점 간의 경쟁 변수로 총 매출액에는 부의 영향을 미치지만 총 거래건수, 중개의뢰인의 수에는 영향을 미치는 것으로 나타났다. 이는 같은 가맹점 간에는 중개업무의 특성상 공통중개가 이루어짐으로 인하여 총 매출액에 영향을 미치는 수준은 미미하지만 총 거래건수, 중개의뢰인의 수에는 상당히 영향을 미치는 것으로 나타났다.

그리고 타 프랜차이즈와의 경쟁 정도에 따라 경영성과에 미치는 영향은 미미하지만 일반 중개업소와의 경쟁 정도는 총 매출액에 상당한 영향을 미치는 것으로 나타났다. 따라서 프랜차이즈 중개업의 경우 일반 중개업소가 밀집한 지역에 입지하더라도 일반 중개업소와의 경쟁으로 인한 부의 효과보다도 정의 효과가 있는 것으로 나타났다.

VI. 結　論

1. 要約 및 結論

본 연구에서는 프랜차이즈 중개업의 성과에 영향을 미치는 변수들을 고찰하고, 이 변수들이 경영성과에 어떻게 영향을 미치는지를 분석하였으며, 또한 성과에 영향을 미친 변수들을 프랜차이즈 중개업의 효율적 경영에 어떻게 응용할 수 있는지 통합모델을 개발하고자 실증적 분석을 실시하였다.

본 연구를 위하여 문헌연구를 통한 이론적 고찰을 시도한 결과 프랜차이즈 중개업의 성과에 영향을 미칠 수 있는 여러 가지 성과 결정요인 중에서 가장 중요하다고 판단되는 변수를 선정하고, 선정된 변수들의 독립변수를 가맹점 특성, 본부 특성, 경쟁 특성, 관계 특성 등으로 나누고 종속변수를 성과로 하여 모형을 설정하고, 우리나라 不動産仲介業에 대한 프랜차이즈 중개업의 성과결정요인 변수가 프랜차이즈 가맹점의 성과인 월평균 매출액, 월평균 중개의뢰인의 수, 총 거래건수에 어느 정도의 영향을 미치고 있는지를 분석하였다.

분석의 결과 가맹점 특성, 본부 특성 등이 성과에 많은 영향을 미치고 있는 것으로 나타났으며, 경쟁 특성, 관계 특성 등이 해당변수에 따라 성과에 영향을 미치고 있는 것으로 나타났다.

첫째, 가맹점 특성 중에서 가맹점의 재무능력이 높을수록 경영성과가 높다고 나타났다. 특히 굿이 가맹점의 재무능력을 측정하는 데 점포의 매장 면적이 가장 적합하며, 성과에 미치는 영향도 다른 여러 가지 변수보다 큰 영향을 미친다고 하였다. 본 연구의 재무능력은 사무소 면적, 총 투자액을 중심으로 측정되었으므로 결과적으로 굿의 연구결과와 일치한다고 할 수 있다. 또한, 루이스와 램버트의 주장과 같이 가맹점의 재무능력이 높을수록 성과가 높게 나타난다는 연구결과와 일치하며, 이는 다우트, 타스만과 도그라스 그리고 부쉬 등의 연구결과와도 일치한다.

경영자의 경험은 매출액과의 관계에서도 예측할 수 있었던 것과 같이 유의한 결과를 나타내고 있다. 그러므로 본 연구의 결과로서는 경영자의 경험이 많을수록 프랜차이즈 중개업의 경영성과가 높다. 이는 루이스와 램버트, 타스만과 도그라스 그리고 부쉬, 홀과 냅 그리고 윈스턴 등의 연구결과와 일치한다.

입지는 유의수준 1%에서 성과에 유의한 정의 영향을 미치는 것으로 나타났다. 이는 타케우치가 가맹점의 입지가 성과에 영향을 미친다고 한 연구결과와 일치되는 것이며, 러쉬와 문수영의 연구에서 가맹점의 점포입지와 성과 간에는 관계가 있다는 연구결과를 지지하는 것이다.

한편, 입지가 양호한 지역에서는 경영성과가 높을 것으로 본다면 성과를 단지 매출액만으로 보기보다는 좋은 입지를 확보하기 위한 비용을 고려하여 성과변수에 수익성 개념을 도입한 추가적인 연구가 필요할 것으로 보인다.

전체적으로 가맹점 특성은 성과 변수인 월평균 매출액 등에 대하여 입지와 가맹점의 재무능력이 각각 유의한 관계를 갖는다.

둘째, 본부 특성 변수인 본부의 영업지원이 커지면 프랜차이즈 중개업의 경영성과가 증대될 것이라고 나타났는데 이는 시블리와 미치 그리고 김종훈, 다우트의 연구결과와 일치한다.

다우트의 연구에서는 편의점의 본부에서 서비스 제공, 금융지원, 정보제공, 광고 등의 영업지원이 커지면 성과가 증대한다는 결과가 제시되었는데, 우리나라의 상황에서 실시된 영업지원과 결과에 대한 본 연구의 결과는 이러한 기존의 연구결과와 일치되는 것이었다. 따라서 프랜차이즈 중개업의 성과를 높이려면 가맹점 본부의 영업지원을 더욱더 효율적으로 강화해야 할 것으로 생각된다.

셋째, 경쟁 특성 변수인 가맹점의 상호경쟁은 성과 변수인 월평균 매출액과 1%의 유의 수준에서 유의한 부의 관계를 보였다. 따라서 프랜차이즈 중개업의 상호경쟁이 강할수록 경영성과가 낮아질 것이라는 가설이 채택된다고 할 수 있다.

러쉬는 경쟁 특성 변수로서 동일상권에 새로운 프랜차이즈 가맹점이 등장하여 경쟁이 심할수록 성과가 감소한다고 주장하였는데, 이는 본 연구의 결과와 일치하는 것이다. 현재 우리나라에서 프랜차이즈 중개업의 본부가 가맹점 수를 늘리는 데만 최대의 노력을 기울이고 있어 가맹점이 좋은 지역에 무분별하게 설치되어 경쟁이 심화되고 그 결과 매출액이 저조한 것으로 나타나고 있다고 생각된다.

동일 가맹점 간의 경쟁은 성과 변수인 월평균 매출액과 유의한 정의 관계를 나타내고 있다. 이것은 켈리와 피터스의 기존 연구와 같이 가맹점과 유사업종 간의 경쟁이 성과에 부의 영향을 미친다는 가설과 반대되는 결과이며, 그리고 새로운 상권결정에 있어서 유사업종 간의 경쟁으로 인한 기존 가맹점의 성과가 부의 영향을 받는다는 고쉬와 크레이그의 연구결과와 반대되는 것이다.

이는 우리나라 프랜차이즈 중개업의 특성상 일반 부동산중개업소와의 경쟁보다는 공동중개를 통한 영업방법이 일반화되어 성과에 정의 영향을 미치고 있는 것으로 생각할 수 있는 것이다.

전체적으로 경쟁 특성은 성과 변수인 월평균 매출액에 대하여 1%의 유의 수준에서 영향을 미치는 것으로 나타났으며, 가맹점의 상호경쟁과 일반 중개업소 간의 경쟁에 대한 회귀계수가 정의 관계를 나타내고 있다. 이러한 결과는 우리나라의 프랜차이즈 중개업에 있어서 일반 중개업소와의 경쟁이 심할수록 중개의뢰인들의 인지도가 높아서 성과에 유리한 결과를 가져다주고, 매출액에 정의 영향을 주고 있다는 데 그 이유를 찾을 수 있는 것이다.

넷째, 관계 특성 변수인 프랜차이즈 중개업의 본부와 가맹점의 협력관계와 계약관계 등을 독립변수로 하여 매출액과의 다중회귀분석을 시도한 결과 협력관계의 회귀계수는 1%의 유의수준에서 유의한 정의 관계를 보이고 있는데, 이는 시블리와 미치, 김종훈 등의 연구에서 편의점의 본부와 가맹점의 협력관계에 대한 응집력이 크면 클수록 가맹점의 성과가 높게 나타난다는 결과와 일치한다.

또한, 러쉬와 김종훈 등의 연구결과에서는 마케팅 시스템에 있어서 갈등의 행태질이 증가할수록 마케팅 채널의 효율성은 감소한다는 결과를 보이고 있고, 본 연구에 있어서도 회귀계수의 부호가 음인 것을 생각한다면 동일한 결과를 가져올 것이라는 여운이 남기도 한다.

그러므로 우리나라의 프랜차이즈 중개업에 대한 계약관계가 성과에 어떤 영향을 미치는 수인지 추가적인 연구가 필요하다고 하겠다.

결과적으로 협력관계와 계약관계가 나타내는 관계 특성이 성과에 영향을 미치는 것으로 설명하며 영업지원과 마찬가지로 프랜차이즈 중개업의 성과 향상을 위하여 본부와의 협력관계가 필수적이라고 말할 수 있다.

연구의 결과를 요약하면 프랜차이즈 중개업의 성과결정요인으로 검토의 대상이 된 가맹점 특성 중에서 가맹점의 재무능력과 입지, 본부 특성 중에서 영업지원, 경쟁 특성 중에서 가맹점과 일반 중개업소와의 경쟁, 관계 특성 중에서 협력관계가 성과에 영향을 미친다고 할 수 있다. 따라서 프랜차이즈 중개업의 경영성과를 향상시키기 위해서는 먼저 영업지원과 가맹점의 협력관계가 양호한 프랜차이즈 본부를 선택하면 중개의뢰인의 수요가 많으며, 경쟁이 없고 입지가 양호한 곳에 충분한 자금을 투자하여 프랜차이즈 중개업을 운영하여야 한다고 말할 수 있다.

2. 硏究結果의 意味 및 活用方案

1990년대에 들어와 국내의 不動産仲介業은 큰 변화에 직면하고 있다. 대외적으로는 시장개방 등으로 인한 환경변화와 국내적으로는 경제발전에 따른 소득의 증가로 중개의뢰인의 행동이 다양화, 고급화 등의 경향을 나타내고 있다.

우리나라의 경우 부동산중개업소는 2000년 12월 말 현재 4만 5천여 업소에 달하고 있으며, 이 중에서 7.7% 정도인 3500여 부동산중개업소가 프랜차이즈 가맹점이다. 이와 같이 프랜차이즈 중개업의 가맹점이 급속도로 늘어나고 있음에도 현재까지 기존의 연구결과를 돌아보면 프랜차이즈 중개업의 성과를 결정하는 요인이 무엇인지에 대하여 체계적이고 과학적인 연구가 이루어지지 않고 있으며, 성과에 영향을 주는 통합모델 또한 제시되지 못하고 있다.

그러므로 본 연구에서는 이론적 고찰 및 실증적 연구를 통하여 연구결과의 의미 및 활용방안을 제시하면 다음과 같다.

첫째, 기존 학자들이 프랜차이즈 가맹점의 성과결정요인을 연구했다 하더라도 성과결정요인의 일부 요인만을 연구하였으며, 不動産仲介業에 대한 프랜차이즈 가맹점의 경영성과요인에 대한 연구는 전무한 실정이다. 또한, 프랜차이즈 가맹점의 성과에 대한 결정요인을 파악하는 데 통합적인 모델을 제시하지 못했다.

따라서 본 연구에서는 선진국의 문헌연구를 중심으로 고찰하여 독립변수를 가맹점 특성(가맹점의 재무능력, 경영자의 경험, 입지),

프랜차이즈 본부 특성(營業支援), 경쟁 특성(가맹점의 상호경쟁, 일반 중개업소와의 경쟁) 관계 특성(협력관계, 계약관계) 등으로 설정하였으며, 종속변수를 성과로 하여 프랜차이즈 중개업의 성과에 대한 통합모델을 제시하였다.

둘째, 총 매출액에 가장 설명력이 높은 변수는 거래가액, 면적, 영업기간, 총 투자액 등이었으며, 중개의뢰인의 수에 영향을 미치는 변수는 영업기간, 중개업경험 유무, 총 투자액 등이었으며, 총 거래건수에 영향을 미치는 변수는 회비제도, 거래가액, 면적, 경영기간, 총 투자액 등으로 나타났으므로 프랜차이즈 중개업의 효율적 경영에 중요한 관리지침이 될 것이다.

셋째, 프랜차이즈 중개업의 성과를 높이기 위해서는 경영 지원의 측정수단으로 도입된 ① 본부의 시스템운영, ② 사무소의 실내장식, ③ 금융지원, ④ 상품개발, ⑤ 상품의 품질, ⑥ 상품의 공급시간, ⑦ 정보제공, ⑧ 본부의 광고활동, ⑨ 가맹점 경영관리, ⑩ 종업원의 교육 등의 요소들을 더욱더 효율적으로 강화해야 할 것으로 생각된다.

넷째, 프랜차이즈 중개업의 경영성과를 향상시키기 위해서는 적정한 매장면적을 확보하여 중개의뢰인이 부동산중개업소를 선택할 때 중개 수수료와 같은 경제적인 요인 이외에 비경제적 요인을 점차 중요시하는 경향이므로 사무소 시설을 현대화하고 사무소 분위기를 쾌적하게 하여 중개의뢰인들에게 안전성, 쾌적성, 편리성 등을 제공하야 할 것이다.

다섯째, 프랜차이즈 중개업의 경영성과를 향상시키기 위해서는 연구결과 성과제고에 커다란 영향을 미칠 것으로 판단되는 사무소의 입지선정에 있어서 ① 사무소의 지리적 위치, ② 사무소 주변의 인구통행량, ③ 대중교통시설의 상태 등의 지역적 특성을 고려한 입지를 세분화하여 해당 지역의 입지에 적합한 전략을 수립하는 것이 중요할 것이다.

여섯째, 성과변수인 총 매출액과 유의한 결과를 보이고 있는 프랜차이즈 본부와 가맹점의 협력관계를 증대시키기 위하여 ① 본부의 성과에 대한 가맹점의 기여도, ② 본부의 협력에 의한 가맹점의 목표 달성 정도, ③ 본부와 가맹점의 이익에 대한 협력 정도, ④ 본부와 가맹점의 장래 거래관계, ⑤ 가맹점의 영업에 대한 본부의 지원 정도, ⑥ 본부의 경쟁력에 대한 가맹점의 경쟁력, ⑦ 본부와 가맹점의 일심동체적 노력 등의 요소에 대하여 협력을 증대시켜야 할 것이다.

일곱째, 프랜차이즈 중개업의 상호경쟁에 대한 전략으로는 외국의 사례를 검토한 결과로 우리나라의 부동산 유통시장에 대한 규모가 4만 업소에서 5만 업소의 시장이 형성될 수 있는 시장성이 충분하다고 보며, 프랜차이즈 중개업소의 프랜차이즈 본부당 1000개 이상 가맹섬을 보유해야 규모의 적정성에 도달하여 손익분기점을 초과할 수 있을 것으로 보고 있다. 따라서 프랜차이즈 중개업의 본부들은 가맹점을 늘리는 데 최선의 전략을 수행하고 있기 때문에 앞으로 프랜차이즈 중개업의 상호경쟁은 더욱 심해질 것이므로 상호경쟁에 대한 경쟁회사와 다른 차별화된 정책, 중개의뢰인의 상호에 대한 인지도를 높이기 위한 본부 상호에 대한 홍보활동, 자체 상표, 서비스의 개발 등의 전략을 수립하여 프랜차이즈 중개업의 상호경쟁에 대비해야 할 것으로 생각된다.

여덟째, 동종업종 간의 경쟁에 대한 전략으로는 우리나라 프랜차이즈 중개업이 최근에 생기기 시작하면서 不動産仲介業의 유통체계가 변화하는 시점에 동종업종 간의 경쟁이 점차 증대하고 있으므로 프랜차이즈 중개업은 서비스 수준의 향상, 경영기법의 개발, 개발정보의 제공 등 동종업종과는 다른 새로운 차별화 전략을 수립해야 할 것으로 생각된다.

끝으로, 국내 프랜차이즈 중개업계는 중개의뢰인의 재산권 보호를 위하여 不動産仲介業法에 의한 업무보증금액을 중개대상물의 거래금액에 상응하는 수준으로 현실화할 필요가 있으며, 부동산중개 서비스 향상을 위하여 중개의뢰계약의 서면 의무화, 중개대상물의 물리적 하자에 대한 책임의 강화, One‑Stop 서비스 등의 획기적인 제도를 마련해야 할 것이다.

3. 研究의 限界

앞에서 본 바와 같이 본 연구는 프랜차이즈 중개업의 성과결정요인에 관하여 연구가설 및 통합적 모델을 제시하고 있지만 이와 관련하여 본 연구가 지니고 있는 다음과 같은 연구의 한계 및 보완점을 제시하고자 한다.

첫째, 가맹점의 재무능력, 경영자의 경험 등에서 지적한 바와 같이 변수의 측정에 있어서 그 내적 타당성이 충분하지 못하여 그것이 결과에 영향을 미쳤을 가능성을 배제할 수 없다.

둘째, 다중회귀분석에서 나타난 결과를 바탕으로 독립변수로 이용되었던 각 특성별 변수 간의 관계성을 명확하게 검정하지 못했다.

셋째, 독립변수는 이외에도 부동산중개업 경영에 중요한 변수 중에서 사무소 인테리어, 창업 및 운영자금, 중개대상물의 가격수준, 직원의 능력, 가맹점의 자체광고, 중개 서비스 수준, 사무소의 이미지 등을 측정하지 못했다.

넷째, 경영성과의 수많은 척도 중에서 월평균 매출액, 월평균 중개의뢰인의 수, 월평균 총 거래건수가 가장 중요하다고 생각되어 실증연구에 사용하였으나, 1인당 매출액, 당기순이익, 투자수익률 등의 척도를 변수로 사용하여 측정할 필요성이 있다.

다섯째, 프랜차이즈 중개업에 있어서 가맹점의 연구대상을 프랜차이즈 중개업소로 한정하였으나, 가맹점이 아닌 일반 부동산중개업소와 비교하여 不動産仲介業의 성과결정요인이 무엇인지 비교하여 연구가 진행되어야 할 것으로 생각된다.

여섯째, 프랜차이즈 중개업은 우리나라에 1994년 4월에 도입되어 6년 만에 3천5백여 업소로 증가하고 있으나 영업기간이 짧고, 대부분 수도권에 집중하고 있어 연구의 한계가 있으며, 앞으로 몇 년 후에 영업기간이 긴 프랜차이즈 중개업소와의 비교연구, 수도권과 비수도권 지역의 프랜차이즈 중개업소도 비교연구대상으로 행해져야 할 것이다.

參考文獻

1. 韓國文獻

1) 단행본

금영철, 1997, **프랜차이즈 유통관리**, 대구, 대구대학교 출판부.

김기수, 1973, **한국민사중개계약론**, 서울, 법문사.

김동기, 1986, **현대유통기구론**, 서울, 박영사.

김은성, 1992, **프랜차이즈**, 서울, 을지서적.

김원수, 1986, **소매기업경영론**, 서울, 경문사.

김헌희, 1990, **외식 서비스 산업**, 서울, 한국마케팅연구원.

김홍구, 1992, **사회통계분석 SPSS/PC⁺**. 서울, 나남.

서정화, 1980, **한국의 복덕방입법론**, 서울, 기공사.

서정화, 1980, **한국부동산중개입법론**, 서울, 기공사.

서진형, 2001, **부동산경영실무**, 서울, 부연사.

_____, 2001, **공인중개사 창업과 경영**, 서울, 부연사.

손일락, 1995, **"derestaurer" 미래의 식당경영**, 서울, 형설출판사.

안정근, 1993, **현대부동산학개론**, 서울, 법문사.

오상락 · 임종원, 1999, **마케팅관리론**, 서울, 무역경영사.

이광종, 1989, **프랜차이즈 시스템 경영기법**, 서울, 한국 슈퍼체인협회.

이기수, 1999, **상법총칙**, 서울, 박영사.

이영준, 1993, **일반인을 위한 유통이야기**, 서울, 더난출판사.

이정전, 1988, **토지경제론**, 서울, 박영사.

이종원, 1994, **계량경제학**, 서울, 박영사.

이지호 · 임봉영 공저, 1996, **외식산업경영론**, 서울, 형설출판사.

이창석, 1995, **부동산학개론**, 서울, 화학사.

이창석, 2000, **부동산학개론**, 서울, 형설출판사.

정동윤 · 정희철, 1991, **새로운 유형의 상행위**, 서울, 박영사.

최용규 · 이동현 · 김남식, 1992, **부동산 유통론**, 서울, 삼영사.

한국법제연구원, 1994, **프랜차이즈 관행에 관한 연구**, 서울, 한국법제연구원.

허양화, 1997년 5월호, **"프랜차이즈란 무엇인가"**, 월간식당.

2) 國內論文

김의근, 2000, **프랜차이즈의 공정성이 프랜차이지의 성과에 미치는 영향에 관한 연구**, 아주대학교 박사학위논문.

김종명, 1994, **프랜차이즈산업에 있어서 관계 특성이 전략과 성과 간의 관계에 미치는 조절 효과**, 계명대학교 박사논문.

김호연, 1999, **프랜차이즈 형태의 외식업 가맹점 성과결정요인에 관한 연구**, 성신여자대학교 석사학위논문.

남상호, 1994, **프랜차이즈 시스템의 경로행동에 관한 연구**, 조선대학교 박사학위논문.

박용한, 1997, **외식프랜차이즈 경로에서 관계몰입에 영향을 미치는 요인**

들에 관한 연구, 아주대학교 박사학위 논문.

박준승, 1999, **공정성이 상호관계의 질에 미치는 영향에 관한 연구,** 중앙대학교 박사학위논문.

송재은, 1997, **부동산중개업의 정책방안에 관한 연구,** 성균관대학교 행정대학원 석사학위논문.

신종국, 1994, **프랜차이즈 시스템의 파워와 갈등에 관한 연구,** 한양대학교 박사학위논문.

신창락, 1994, **프랜차이즈 가맹점의 성과결정요인에 관한 연구,** 국민대학교 박사학위논문.

양재필, 1991, **한국패스트푸드 프랜차이즈에 있어 소비자의 점포선택행동에 관한 실증적 연구,** 성균관대학교 경영대학원 석사학위논문.

유영호, 1987, **Fast Food 산업의 프랜차이징 도입에 따른 점포입지전략에 관한 연구,** 한국외국어대학교 석사학위논문.

윤진원, 1995, **프랜차이즈 가맹점의 성과 및 만족에 관한 연구,** 서울대학교 석사논문.

이수동, 1999, **프랜차이즈 발전을 위한 가맹점 보호 및 육성방향,** 1999년도 학술발표 논문집, 한국유통학회

최영홍, 1991, **가맹상 계약의 법률문제에 관한 연구,** 고려대학교 박사학위논문.

홍인주·안현숙, 1998, **프랜차이즈계약 및 운영상의 문제점과 개선방안,** 한국소비자보호원.

3) 其他 刊行物

건설교통부, 1999, **부동산중개제도의 개선방안 연구.**

경제정의실천연합, 1995, **프랜차이즈계약의 문제점과 개선방안.**

국토연구원, 1999, **국토 4월호.**

_____, 1992, **부동산 산업 발전방향에 관한 연구.**

_____, 1996, **부동산 서비스산업의 개방에 따른 대응전략 연구.**

_____, 1991, **부동산중개제도의 합리화 방안 연구.**

부동산연구사, 2000, **월간 공인중개사 4월호.**

법무부, 1989, **프랜차이즈의 법리.**

전국부동산중개업협회, 1995, **대외개방대비 부동산중개제도 개선방안에 관한 연구.**

_____, 1988, **부동산중개업자 교육제도 개선방안에 관한 연구.**

한국법제연구원, 1994, **프랜차이즈 관행에 관한 연구.**

2. 西洋文獻

Abraham, S. V., 1979, _Real Estate Dictionary Reference Guide,_ Orange Calif.

American Society of Real Estate Counselors, 1984, _Real Estate Counseling_, Engelwood Cliffs, N. J: Prentice-Hall.

Anand, P., 1987, "Inducing Franchisees to Relinquish: An Attribution Analysis," _Journal of Marketing Research_, Vol.24.

Anderson, R. I. et al., The Efficiency of Franchising in the Residential Real Estate Brokerage Market, _Journal of Real Estate Research 16._

Arthur, A. T. and A. J. Strickland, 1983, _Strategy Formulation and Implementation revised ed._ Plano, TX: business Publication, Inc.

Asker, D. A., 1984, _Developing Business Strategy,_ New York, NY: John Wiley & Sons.

Bagozzi, R., 1975, "Marketing as Exchange", *Journal of Marketing,* Vol 39.

Baldi, R., 1987, *Distributorship · Franchising · Agency — Community and National Laws and Practics in EEC,* Deventer, The Netherland: Kluwwer Law and Taxation Publishers.

Behringer, J. and M. A. Otte, 1981, "Liability and the Trademark Licensor", *American Business Law Journal,* Vol.19.

Blaurock, U., 1984, *Kartellrechtliche Grezen von Franchise — System.* Festschrift furWinfried Werner zum 65, Geburtstag am 17. Walter de Gruyter: Berlin, New York.

Bourne, L. S, 1981, *The Geography of Housing,* Marie Maddalena of V. H. Winston & Sons.

Bourne, I. S, 1982, *Internal Structure of the city,* New York Oxford Univ. Press.

Broom, H. N. and G. L. Justin, 1979, *Small Business Management, 5th ed,* Cincinnati, Ohio South — Western Publishing Co.

Bush, R. F., 1976, Ronald L. Tatham, and F. Joseph Hair, Jr., "Community Location Decisions: A Comparative Analysis", *Journal of Retailing,* Vol.52, Spring.

Burck, C. G, 1970, "Franchisings Troubled Dream World", *Fortune.* Vol.35.

Carl, M. L. and Others, 1982, *Basic Marketing,* New Jersey: Prentice — Hall.

Charles, L. V., 1979, *Franchising: It's Nature, Scope, Advantages and Development,* Lexington, Massachusetts Toronto: D. C Heath.

Chernoff. H., 1985, *Franchise licencing: A Franchisor Selection*

Model, Ph.D. Dissertation, New York University.

Childers, T. L. and R. W. Robert, 1987, "Toward A Model of Cooperative Sentiments and their Antecedents in Channels of Distribution", Work Paper, University of Minnesota.

Courtney, J. M., 1983, "Intervention Through Land Use Regulation", *in Harold B. Dunkerley(ed.), Urban Land Policy: Issues & Opportunities,* Washington D. C, World Bank.

Dias, R. M. and S. I. Gurnick, 1969, *Franchising: The Investor's Complete Handbook,* New York: Hastings House.

Dolman, J. P., 1973, "Real Estate Counseling: Some distinctions from and Relationships with Real Estate valuation", *The Appraisal Journal,* October.

Finn, R. P., 1979, *Your Fortune in Franchise,* Chicago: Contemporary Books.

Gerald P. and J. Diamond, 1971, *Retailing,* Englewood Cliffs, New Jersey: prentice – Hall.

Ghosh, A. and C. S. Craig, 1990, "Minimizing Spatial Comflict in Franchise Distribution Systems", AMA Educators Proceedings.

Good, W. S, 1984, "Productivity in the Retail Grocery Trade", *Journal of Retailing, Vol.60.*

Gross, H. and W. Skauppy, 1969, *Das Franchise – System,* ECON Verlag: Dusseldorf, Wien.

Hackett, D. W, 1978, *Franchising: The State of the Art,* Chicago Illinois: American.

_____, 1977, *Franchising, The State of the Art,* Chicago, Illinois American Marketing Association Monograph Series.

244

Hall, M, J., C. Knapp and C. Winstern, 1961, *Distrbution in Great Britan and North America,* London: Oxford University Press.

Herbert G., W. Skaupy, 1969, *Das Franchise ─System,* ECON Verlag: Dusseldorf, Wien.

Hewiitt, C. M., 1958, The Furor over Dealer Franchises, in: *Business Horizons*, Vol.1 Winter.

Hunt, S, D., 1977, "Franchising: Promises, Problems, Prospects", *Journal of Retailing, Vol.53.*

Jaffe, A. J. & C. F. Sirmans, 1982, *Real Estate Investment Decision making,* Englewood Cliffs. N. J: Prentice ─ Hall.

Jurgen K., 1973, *Franchise ─System in Disenstleistungssektor,* Betriebswirtschaftliche Schriften, Heft 63, zit. bei Schulthess.

Kelly, J. S. and J. I. Peters, 1977, *"Vertical Conflict: A Comparative Analysis of Franchisess and Distributors",* AMA Educators Proceedings, Series 41, American Marketing Association.

Kim, Jonghoon, 1989, The Effect of Marketing─Channel Integration on Channel Performance: A Coutingency View, Ph.D. Dissertation, University of Georgia.

Kotler, P., 1984, *Marketing Management,* New Jersey: Prentice─Hall.

Kotler P. and P. N. Bloom, 1984, *Marketing Professional Services,* Englewood Cliffs, New Jersey: Prentice─Hall.

Lewis. M. C. and D. M. Lamvert, 1991, "A Model of Channel Member Performance, Dependence, and Satisfaction", *Journal of Retailing, Vol.67.*

Lillis, C. M., C. L. Nnayana, and J. L. Gilman., 1976, "Competitive Advantage Variation over the Life Cycle of a Franchise",

Journal of Marketing, Vol.40.

Louis, B., 1977, "Structure, Conduct, and Profitability in Distribution." *in Strategy +Structure =Performance,* Hans B. Thorelli(ed.), Bloomington, IN: Indiana University Press.

Louis, W., Stern and A. I. El−Ansary, 1988, *Marketing Channels,* Englewood Cliffs, New Jersey: Prentice−Hall.

Lundberg, D. E., 1979, *The Hotel and Restaurant Business, 3rd ed.* Boston, Massachusetts: CBI Publishing Company.

Lusch, R. F., 1976, "Channel Conflict: Its Impact on Retailer Operating Performance", *Journal of Retailing, Vol.52.*

Lusch, R. F and Soo Young, Moon, 1984, "An Exploratory Analysis of the Correlates of Labor Productivity in Retailing", *Journal of Retailing,* Vol.23.

Maisel, S. J. and J. R. Stephen, 1976, *Real Estate Investment and Finance,* New York McGraw−Hill Book Company.

Mckenzie, D. j. and R. M. Betts,, 1992, *Essenticals of Real estate Economics,* Prentice Hall.

Mendelsohn, M., 1987, *The Guide to Franchising, 4th. ed.,* Pergamon Press: Oxford, New York, 1985.; John Adams, KV Prichard Jones, Franchising, ?rd. ed., London: Butterworths.

Michael, E., 1976, "Effects of Administrative Control on Efficiency of Vertical Marketing System", *Journal of Marketing Research,* Vol.53.

Mohr, J. and J. R. Nevin, 1990, "Communication Strategies in Marketing Channels: A Theoretical Perspective", *Journal of marketing.*

Munneke H. J., A. Yavas, 2000, "Incentives and Performance in Real Estate Brokerage", *Journal of Real Estate Finance and Economics 20.*

Muth, R., 1969, *Cities and Housing,* Chicago: University of Chicago Press.

Neil, C., 1988, *Real Estate Market Analysis,* Prentice－Hall.

Neil, G. and H. Specht, 1974, *Dimonsions of Social Welfare Policy,* Englewood Cliffs.

Oxenfeldt, A. R. and D. N. Thompson, 1968－1969, "Franchising in perspective", *Journal of Retailing,* Vol.44.

Pearce, J. A. II and R. B. Robinson, 1983, Jr. "Environmental Forecasting: Key to Strategic Management", *Business* Vol.33, No. 3.

Ring, A. A., J. Dasso., 1977, *Real Estate Principles and Practices,* Englewood Cliffs, Prentice－Hall.

Rosenbloom, 1981, *Retailing Marketing,* New York, NY: Random House.

Schermerhorn, J. R. Jr., 1996, *Management,* John Willy & Sons.

Seltz, D. D., 1982, *The Complete Handbook of franchising,* New York: Addison－Wesley Publishing Company.

Sibley, S. D. and D. A. Michie, 1982, "A Exploratory Investigation of Cooperation in a Franchise Channel", *Journal of Retailing,* Vol.58.

Stanford, H. A., 1980, *Principles of Industrial Facility Location,* Atlanta: Conway publication.

Takeuchi, H, 1977, Productivity Analysis as a Resource Management

Tool in the Retail Trade, Ph.D. dissertation, University of California, Berkeley.

Tathman, R. L., R. Douglass and F. R. Bush, 1972, "An Analysis of Decision Criteria in Franchisor/Franchisee Selection Processes", *Journal of Retailing,* Vol.48.

Thompson, A. A. and A. J. Strickland, 1983, *Strategy Formulation and Implementation revised ed.,* Plano, TX: business Publication.

Thompson, D. N., 1971, *Franchise Operation and Antitrust,* Toronto: Heath Lexington Books.

Trevor, S. M., 1989, "Relational Contract Theory as a Framework for Assessing Channel Perormance", Ph.D. Dissertation, The University of Wiscosin — Madison.

Unger, M. A., 1959, *Real Estate,* 2nd ed., South — Western Public Co., Cincinnati, Ohio.

Urban Land Institute, 1977, *Shipping Center Development Handbook,* Washington. D.C: ULI.

_____, 1975, *Industrial Development Handbook,* Community Builders Handbook Series, Washington. ULI.

Uwe Blaurock, 1984, *Kartellrechtliche Grezen von Franchise — System,* Festschrift fur Winfried Werner zum 65. Geburtstag am 17. Walter de Gruyter: Berlin, New York.

William, H. B., 1982, *Contemporary Retailing,* New Jersey: Prentice — Hall.

Wurtzebach, C. H. and M. E. MIless., 1995, *Modern Real Estate,* New York: John Wiley & Sons.

· 저자 ·

서진형   ·약 력·

한양대학교 행정대학원 부동산학과 졸업(행정학 석사)
대구대학교 대학원 박사과정 졸업(행정학 박사)
경민대학, 대불대학교, 한국사이버대학교 겸임교수 역임
건국대학교, 서울사이버대학교 부동산학과 강사(전)
한국공인중개사협회 부동산정책연구소 소장(전)
공인중개사 시험 출제위원
서울특별시 규제개혁추진단 위원
(현) 경인여자대학 부동산경영과 교수

·주요논저·

『부동산경영실무』(부연사, 2001)
『부동산중개업법령 및 실무』(법문사, 2002)
『부동산 거래계약』(부연사사, 2002)
『부동산중개이론과 실무』(한공협, 2004, 공저)
『부동산개발이론과 실무』(한공협, 2005, 공저)
『최신 부동산중개론』(부연사, 2006)
『부동산중개업무메뉴얼』(부연사, 2007)
『공인중개사법 및 실무』(신양사, 2007, 공저)
『부동산세법』(부연사, 2008, 공저)
외 다수

부동산중개업의 경영전략과 비전

• 초판 인쇄	2008년 6월 30일
• 초판 발행	2008년 6월 30일
• 지 은 이	서진형
• 펴 낸 이	채종준
• 펴 낸 곳	한국학술정보㈜
	경기도 파주시 교하읍 문발리 513-5
	파주출판문화정보산업단지
	전화 031) 908-3181(대표) · 팩스 031) 908-3189
	홈페이지 http://www.kstudy.com
	e-mail(출판사업부) publish@kstudy.com
• 등 록	
• 가 격	26,000원

ISBN 978-89-534-9577-7 93320 (Paper Book)
      978-89-534-9578-4 98320 (e-Book)